中国社会科学院国情调研特大项目"精准扶贫精准脱贫百村调研"

精准扶贫精准脱贫百村调研丛书

CASE STUDIES OF TARGETED POVERTY REDUCTION AND
ALLEVIATION IN 100 VILLAGES

李培林／主编

# 精准扶贫精准脱贫
# 百村调研·长乐村卷

## 特色养殖脱贫实践

李　平　刘建武　张友国　等／著

社会科学文献出版社
SOCIAL SCIENCES ACADEMIC PRESS (CHINA)

中国社会科学院国情调研特大项目
"精准扶贫精准脱贫百村调研"
项目协调办公室

主　任：王子豪

成　员：檀学文　刁鹏飞　闫　珺　田　甜　曲海燕

# 总　序

　　调查研究是党的优良传统和作风。在党中央领导下，中国社会科学院一贯秉持理论联系实际的学风，并具有开展国情调研的深厚传统。1988 年，中国社会科学院与全国社会科学界一起开展了百县市经济社会调查，并被列为"七五"和"八五"国家哲学社会科学重点课题，出版了《中国国情丛书——百县市经济社会调查》。1998 年，国情调研视野从中观走向微观，由国家社科基金批准百村经济社会调查"九五"重点项目，出版了《中国国情丛书——百村经济社会调查》。2006 年，中国社会科学院全面启动国情调研工作，先后组织实施了 1000 余项国情调研项目，与地方合作设立院级国情调研基地 12 个、所级国情调研基地 59 个。国情调研很好地践行了理论联系实际、实践是检验真理的唯一标准的马克思主义认识论和学风，为发挥中国社会科学院思想库和智囊团作用做出了重要贡献。

　　党的十八大以来，在全面建成小康社会目标指引下，中央提出了到 2020 年实现我国现行标准下农村贫困人口脱贫、贫困县全部"摘帽"、解决区域性整体贫困的脱贫攻坚目标。中国的减贫成就举世瞩目，如此宏大的脱贫目标世所罕见。到 2020 年实现全面精准脱贫是党的十九大提出的三大攻坚战之一，是重大的社会目标和政治任务，中国的贫困地区在此期间也将发生翻天覆地的变化，而变化的过程注定不会一帆风顺或云淡风轻。记录这个伟大的过程，总结解决这个世界性难题的经验，为完成这个攻坚战献计献策，是社会科学工作者应有的责任担当。

2016 年，中国社会科学院根据中央做出的"打赢脱贫攻坚战"战略部署，决定设立"精准扶贫精准脱贫百村调研"国情调研特大项目，集中优势人力、物力，以精准扶贫为主题，集中两年时间，开展贫困村百村调研。"精准扶贫精准脱贫百村调研"是中国社会科学院国情调研重大工程，有统一的样本村选择标准和广泛的地域分布，有明确的调研目标和统一的调研进度安排。调研的 104 个样本村，西部、中部和东部地区的比例分别为 57%、27% 和16%，对民族地区、边境地区、片区、深度贫困地区都有专门的考虑，有望对全国贫困村有基本的代表性，对当前中国农村贫困状况和减贫、发展状况有一个横断面式的全景展示。

在以习近平同志为核心的党中央坚强领导下，党的十八大以来的中国特色社会主义实践引导中国进入中国特色社会主义新时代，我国经济社会格局正在发生深刻变化，脱贫攻坚行动顺利推进，每年实现贫困人口脱贫 1000 多万人，贫困人口从 2012 年的 9899 万人减少到 2017 年的 3046万人，在较短时间内实现了贫困村面貌的巨大改观。中国社会科学院组建了一百支调研团队，动员了不少于 500 名科研人员的调研队伍，付出了不少于 3000 个工作日，用脚步、笔尖和镜头记录了百余个贫困村在近年来发生的巨大变化。

根据规划，每个贫困村子课题组不仅要为总课题组提供数据，还要撰写和出版村庄调研报告，这就是呈现在读者面前的"精准扶贫精准脱贫百村调研丛书"。为了达到了解国情的基本目的，总课题组拟定了调研提纲和问卷，要求各村调研都要执行基本的"规定动作"和因村而异的"自选动作"，了解和写出每个村的特色，写出脱贫路上的风采以及荆棘！对每部报告我们都组织了专家评审，由作者根据修改意见进行修改，直到达到出版要求。我们希望，这套丛书的出版能为脱贫攻坚大业写下浓重的一笔。

中共十九大的胜利召开，确立习近平新时代中国特色社会主义思想作为各项工作的指导思想，宣告中国特色社会主义进入新时代，中央做出了社会主要矛盾转化的重大判断。从现在起到 2020 年，既是全面建成小康社会的决胜期，也是迈向第二个百年奋斗目标的历史交会期。在此期间，国家强调坚决打好防范化解重大风险、精准脱贫、污染防治三大攻坚战。2018 年春节前夕，习近平总书记到深度贫困的四川凉山地区考察，就打好精准脱贫攻坚战提出八条要求，并通过脱贫攻坚三年行动计划加以推进。与此同时，为应对我国乡村发展不平衡不充分尤其突出的问题，国家适时启动了乡村振兴战略，要求到 2020 年乡村振兴取得重要进展，做好实施乡村振兴战略与打好精准脱贫攻坚战的有机衔接。通过调研，我们也发现，很多地方已经在实际工作中将脱贫攻坚与美丽乡村建设、城乡发展一体化结合在一起开展。可以预见，贫困地区的脱贫攻坚将不再只局限于贫困户脱贫，我们有充分的信心从贫困村发展看到乡村振兴的曙光和未来。

是为序！

全国人民代表大会社会建设委员会副主任委员

中国社会科学院副院长、学部委员

2018 年 10 月

# 前　言

　　关于湖南省武冈市双牌镇长乐村的扶贫调研是中国社会科学院国情调研特大项目"精准扶贫精准脱贫百村调研"的子课题之一，由中国社会科学院数量经济与技术经济研究所和湖南省社会科学院组建课题组共同完成，课题组先后分两次前往湖南省武冈市双牌镇长乐村进行扶贫调研。

　　第一次入村调研时间是 2016 年 12 月 15~17 日，主要调研对象为长乐村村支书，调研内容为整个村的经济、社会发展状况和贫困状况。双牌镇长乐村是湖南省社会科学院的对口扶贫村。该村地处武冈市东北部边沿，是省级贫困村，面积 5 平方公里，全村有 18 个村民小组，居住分散，共 392 户 1752 人。省道 S219 贯穿全村，除 4~9 组外，其余都与主干道距离较远，交通不便。该村地处娄邵干旱走廊，土层薄，蓄水性差，拥有水田 475 亩、旱土 392 亩、山林 3020 亩，没有具有开采价值的矿产资源。

　　本次调研发现，长乐村村民收入悬殊，主要收入来源是外出务工、农田耕作和家禽家畜饲养，2015 年全村人均收入 2878 元。2014 年建档立卡贫困户为 142 户 476 人，

2015 年脱贫 67 户 247 人，截至 2016 年仍有贫困户 75 户 229 人。尚未形成稳定安全的供水管网，季节性饮水困难经常发生。贫困户住房条件差，D 级危房 41 座。2016 年 3 月修建村卫生室一个，村小学已被纳入薄弱小学改造。

第二次调研时间是 2017 年 4 月 18~22 日，数量经济与技术经济研究所一行 10 人由所长李平研究员带队前往，湖南省社会科学院院长刘建武研究员一行专程一同调研。数量经济与技术经济研究所科研处处长韩胜军、环境技术经济研究室主任张友国、技术经济理论方法室主任吴滨研究员、朱承亮副研究员、陈金晓博士以及 4 位研究生参加调研。

此次调研主要以问卷调查的形式进行，了解 60 余名被访者（32 位建档立卡者、28 位非建档立卡者）在住房、收入支出、健康、子女教育以及劳动情况等方面的基本信息，借此总结长乐村在扶贫过程中存在的问题以及脱贫工作取得的阶段性成绩和经验。长乐村是由众乐村、长托塘村合并而成的行政村，民居分布较分散，入户走访调研相对困难。

由于部分被访者的年龄在 60 岁以上，日常用语为当地方言，通过普通话难以进行有效的交流。因此，调研组首先于 4 月 19 日下午对五名村干部进行问卷调查，使他们尽快熟悉调查流程和问卷内容，并让其在之后针对村户的问卷调查中充当"翻译"的角色。同时，这五名村干部作为"非建档立卡户"，也是调研对象的一部分。

4 月 20 日上午 9 时许，调研组在村干部的协助下开展问卷调查工作，根据问卷问题询问每一个被访者家庭的具体情况并做详细记录。调研工作进展顺利、高效，"建档立卡户"问卷和"非建档立卡户"问卷共62份，均在当天填写完毕。在问卷调查过程中，长乐村村民积极配合，在理解问卷的基础上翔实地回答了每个问题；长乐村村干部在调研工作中也给予了极大的支持和帮助。

4月21日，调研组由李平所长带队，在长乐村村干部的陪同下进村入户，详细了解贫困户的家庭生产生活情况，现场考察了农村危房和乡村道路改造等扶贫工程。共走访5个村户，其中2户为孤寡老人，由于缺乏主要劳动力，家庭条件极为贫困，收入难以维持基本生活；另外1户为因病致贫，2户已经基本实现脱贫致富。调研结束后，调研组在课题负责人李平所长的主持下展开讨论，对贫困村的致贫原因和实现脱贫的途径进行了深入的讨论和交流。

# 目 录

第一章

长乐村扶贫脱贫工作现状

## 第一节　长乐村经济社会发展基本状况

双牌镇长乐村是原省级贫困村长托塘村与众乐村于2017年初合并形成，地处武冈市东北部边沿，全村总面积5平方公里，东部与双牌镇浩山村相邻，南部与武冈市邓家铺镇永兴村相邻，西部与洞口县杨林乡三下村接壤，北部与双牌镇田中村相邻。村部距离双牌镇政府驻地7.8公里，与武冈市距离52公里，与隆回县城距离26.1公里，省道S219贯穿全村，除4~9组外，其余都与主干道距离较远，交通不便。全村处于娄邵干旱走廊，是典型的丘陵地貌，地质结构主要为喀斯特地貌，平均海拔300米以上，土层薄，蓄水性差，原有水田475

亩、旱土 392 亩、山林 3020 亩，植被主要是松树、杨树与灌木。

全村人口 1752 人，居住分散，有 392 户农户，18 个村民小组，全部为汉族，全村经济社会发展水平比较低，2014 年全村人均收入仅 2700 元，村民收入悬殊。经核实后全村有贫困户 79 户，贫困人口 317 人。村民主要收入来源是外出务工、农田耕作和家禽家畜饲养。全村 50 岁以下青壮年劳动力基本都在江浙、广东等地务工。村产业结构以农业为主，水稻、玉米、土豆等是全村主要农作物，鸡、鸭、鹅等家禽和猪、牛、羊等家畜零星分散饲养，全村没有集体经济收入来源，全村仅有 1 个私营砖厂和 1 个采石场，村经济基础依然十分薄弱。此外，隆回县龙牙百合企业目前已经租用村 8~12 组 100 多亩地种植龙牙百合；部分农户开始摸索家禽规模养殖，一家大户尝试规模饲养

图 1-1　湖南省社会科学院帮扶修建的长乐村活动中心
（课题组拍摄，2017 年 4 月，如无特殊说明全书同此）

五谷走地鸡，但受技术限制，项目尚处于亏损状态。

住房条件方面，全村住房条件悬殊，沿 S219 的大部分村民已经进行了住房改造，但贫困户住房条件非常恶劣，全村危房还有 41 座，无房户和 D 级整栋危房户还有 19 户，老百姓迫切希望能改善居住条件。人畜饮水，尚未形成稳定安全的供水管网，1~7 组主要靠冬云水库供水，冬季无法保障；8~12 组主要依靠草鱼岩地下水供水，冬季有 3 个月缺水严重；13~18 组主要靠井水，冬季缺水严重。教育卫生方面，村内有村小学 1 所、四个班级、在校学生 93 人。学校基础设施简陋，窗户破损严重，无操场等活动设施，无图书室，无体育器材，自制简易教具，教室内设施基本停留在 20 世纪 80 年代水平，村卫生室尚未建设。

交通方面，境内有省道 S219 穿过，以对接 S219 为主，已经修建村组公路 7 公里，还有 5.3 公里的村组道路需要硬化。农田水利方面，全村大中小山塘有 58 口，其中病险山塘有 23 口，主蓄水的长托大塘、鸭头山大塘、兰凤大塘、高木岭塘、8 组新塘中除鸭头山大塘在 2013 年进行过简单维修还能正常蓄水外，其余大塘均破损严重，漏水严重，一过雨季后就干涸，无法正常使用；全村有水渠 4555 米，已经疏浚硬化的仅 300 米，3000 米长的冬云渠道长年失修，亟待修复。活动场地方面，有单层 90 平方米村部一所，无前坪，无活动场地，宣传栏年久破损，办公设施落后，仅有简陋桌椅，无电脑、网络、打印设施，村阅览室仅 5 平方米，无阅读桌椅，书籍少。

目前，长乐村全村党员36人，其中60岁以上党员17人，35岁以下党员仅3人。村里设有村支委和村委会两个治理机构，分别包含5名人员，有4名人员属于交叉任职，共计6个村干部，村干部均在50岁左右。村支委主要负责党建工作，村委会主要负责经济发展、扶贫和村里一些其他项目。半年进行一次换届选举。支委会是通过无记名投票选举产生的，由全村所有党员进行选举，票数必须过半。村委会是全村18岁以上的人通过海选，按照高低票选举出来的。村级班子成员基层工作经验比较丰富，能团结协作，为老百姓办实事，具有一定的凝聚力和战斗力，有加快发展经济、带领村民脱贫致富的热切愿望和决心。主要村干部如下。

肖祥玉（党支部书记）：支持村党支部全面工作，负责安全生产和人民调解工作。

陈文（党支部副书记，村委会主任）：主持村委会全面工作，负责村级经济发展和农业农村工作，协助党支部书记处理日常事务，分管党建、扶贫工作。

唐国础（党支部委员、村委会委员）：分管综治信访、生态环保工作。

沈呈计（党支部委员、村委会委员）：秘书。

曾德久（党支部委员、村委会委员）：民兵营长。

肖慧香（村委会委员）：妇联主席，计划生育专干，分管青年工作。

## 第二节 长乐村贫困状况

### 一 存在的突出贫困问题

长乐村自然条件恶劣，生产资源不足，人均产出水平低，是典型的喀斯特地貌干旱地区贫困村，贫困高发多发，返贫率高，总体看，存在三个方面的突出问题。

1. 贫困范围广、程度深

全村贫困现象非常普遍，根据工作组深入摸底，全村贫困户达到 79 户，贫困人口为 317 人，贫困户占到全村家庭户的 20.2%，贫困人口占全村人口的 18.1%，全村享受低保政策的有 87 人，五保户有 10 人，孤儿有 4 人，摸底确认的无房户和 D 级危房户有 19 户，一些家庭居无定所，房屋四处漏风、摇摇欲坠，部分家庭无任何收入来源，全村需要帮扶的人口比重大，帮扶压力大。

2. 外出人口多，劳动力缺乏

外出务工是长乐村村民主要收入来源，全村绝大多数青壮年劳动力均赴广东、浙江等地打工，在村长期居住的居民不到 50%，多是年龄大、体弱多病的老年人和留守儿童。但由于缺乏技术，外出务工主要是普工，工资收入偏低，仅能维持个人的基本生活，对回村支持家庭发展作用不大。重点调查的 79 户贫困户中，有外出务工人员的有 57 户，18~60

图1-2 长乐村一处破损的民房

图1-3 长乐村一处民房前淤积的脏水

图1-4　长乐村一贫困户居住的泥木结构房

图1-5　长乐村一贫困户的简陋锅灶

岁劳动年龄人口 148 人中除 24 人病残外有 96 人在外务工，但在外务工人员平均年收入仅为 8144 元。由于青壮年劳动力绝大部分外出务工，产业发展劳动力严重缺乏。

图 1-6　长乐村村干部向课题组介绍一个贫困户家中情况

图 1-7　长乐村一个贫困户的厨房（1）

图1-8　长乐村一个贫困户的厨房（2）

图1-9　长乐村一个贫困户的厨房（3）

### 3. 重病、残疾人口多

重病残疾人口多，全村残疾人有 66 户 72 人，有残疾人的家庭占到了 16.8%；患重病家庭多，因病致贫比重超过 50%。尤其是贫困户中病残现象非常普遍，重点摸底的 79 户贫困户中，有患病或残疾人的有 74 户，有 2 人以上重病或残疾的有 22 户，因病致贫、因残致贫、因病返贫、因伤返贫的现象非常明显，已经成为全村致贫的主要原因。

## 二 制约脱贫的主要因素

长乐村贫困程度深，贫困人口比重大，脱贫任务艰巨，制约该村脱贫致富的主要因素可以归纳为"五个缺乏"。

图 1-10　长乐村一位因病致贫村民向课题组展示其医疗凭证

## 1. 缺乏资源

长乐村地质环境比较恶劣，没有任何矿产资源，土地资源质量差，人多地少，土地贫瘠，严重缺水，自然物产比较少，长期以来靠天吃饭，依靠普通农作物种植不可能脱贫致富。同时，长乐村也没有任何可以开发利用的人文资源、历史文化资源和自然景观资源，资源缺乏是长乐村脱贫致富的主要约束之一。

## 2. 缺乏技术

长乐村目前生产方式还比较落后，耕作方式主要是传统模式，科学种植养殖还没有起步。由于农民受教育程度普遍不高，特别是农民受一些传统的思想观念影响，对一些新东西的接受还有一个过程。此外，技术人才流失也加大了农村脱贫难度。农村外出务工以年轻人居多，而真正在家种地的都是年纪较大的村民，掌握农机技术、种植养殖技术等难度较大。

## 3. 缺乏资金

由于贫穷，老百姓缺乏农业基本投入，更没有资金去发展技术含量高、收益好的种养殖产业。加之农业收益具有不确定性，涉农信贷的风险性往往比较高，同时农村市场化程度低，银行对农业项目"惜贷""慎贷"现象较为普遍。缺乏资金已经成为长乐村农业产业发展面临的突出难题。

## 4. 缺乏信心

村民对于发展产业顾虑重重，害怕失败，没有敢于尝试、敢于失败的勇气。在调查中普遍感受到村民担心害怕的心态比较普遍，很少有人敢于承担风险，即便是提供无息贷款，村民也担心欠钱还不起。这种"前怕虎后怕狼"的思维成为束缚村民手脚的"无形绳索"，越穷顾虑就越多、顾虑越多必然越穷的恶性循环亟待打破。

**5. 缺乏组织**

目前，全村发展主要是靠单兵作战、农户单干，没有致富能人示范，缺乏龙头大户的带领。同时，村干部班子成员忙于自己的事务，精力不够集中，村干部创新开拓意识和对外公共关系能力不够强，工作能力、工作水平、知识水平、眼界视野等有待提高，组织带动大家脱贫致富的能力还比较有限，缺乏示范组织也是长乐村脱贫致富面临的主要问题之一。

## 第三节　长乐村主要扶贫措施及效果

长乐村被确定为湖南省社会科学院的帮扶对象后，湖南省社会科学院于 2015 年 4 月成立了专门的帮扶工作队，并选派干部进驻长乐村担任驻村第一书记，开展帮扶工作。湖南省社会科学院对长乐村的主要扶贫措施及效果如下。

## 一　指导思想、原则与目录

### 1. 指导思想

按照中央关于推进农村扶贫开发工作的精神，深入落实省委、省政府关于加强干部驻村帮扶工作要求，以促进贫困群众增收、增强贫困家庭增收能力和改善贫困群众生活环境为核心任务，积极探索创新帮扶方式，大力发展村集体经济，积极完善村基础设施，稳步推进"人居环境改善、产业扶贫、饮水安全、农田水利恢复、基础完善、教育扶贫、组织建设"七大工程，着力办好11件实事，通过3年帮扶，让贫困群众得实惠、使全村村民受鼓舞、促村委干部长本事，力争实现"贫困户收入倍增、集体经济见实效、人居环境大改善、村支两委标准化"的帮扶工作目标。

### 2. 帮扶原则

扶贫工作组在落实驻村帮扶工作、推进长乐村扶贫开发时要始终注重把握好以下四个原则。

——因地制宜、科学帮扶。始终注意把握好长乐村的村情，从全村的贫困特点出发，从困难群众的呼声和需求出发，有针对性地实施帮扶措施，坚决避免拍脑袋、想当然，不搞花架子，不做表面文章，切切实实让贫困群众得实惠，让全村经济得发展。

——以人为本、尊重民意。正确处理帮扶工作与群众主体的关系，问计于民，惠及于民。坚持真情打动、不搞行政命令，坚持科学谋划、不搞短期援助，坚持示范引领、不搞越俎代庖，坚持摆正位置、落实村委主体，充分发挥村党员干部和农民群众主体作用，推动驻村帮扶工作扎实开展。

——以点带面、示范引领。精心谋划，认真组织，动员种养大户、致富能手参与扶贫工作，充分调动村级想干事、能干事的能人的积极性，鼓励村"两委"班子和党员队伍带头发展产业，精心选择培育对象，给予带头人重点支持，通过以点带面，形成帮扶示范效应，形成党员带群众、先富带后富的生动局面。

——整合资源、创新方式。始终注重整合省、市、乡和村的各类扶贫资源，积极争取企业到村投资产业，争取社会团体、事业单位来村有针对性地帮扶，积极探索委托帮扶、集体经济帮扶、一对一帮扶等多种帮扶方式，用好、用活帮扶资源，努力使帮扶合力发挥最大作用。

3. 帮扶目标

以全面建成小康社会为引领，按照"应帮尽帮、该扶尽扶、能脱贫就脱贫"的基本要求，认真履行帮扶工作内容，通过三年帮扶，基本消除长乐村贫困家庭，实现全村建档立卡的扶贫对象不愁吃、不愁穿，义务教育、基本医疗和住房有保障，基本脱离贫困，力争实现"贫困户收入倍增、集体经济见实效、人居环境大改善、村支两委标准化"的帮扶工作目标。

贫困户收入倍增：通过有针对性地帮扶，努力使建档立卡的贫困户人均收入在 2014 年基础上实现翻番，贫困家庭年人均收入达到 5200 元。

集体经济见实效：通过努力，使村集体经济实现零突破，形成 1~2 家农村合作社，努力构建起村集体经济发展的良好格局，为村集体经济长远发展打好基础。

人居环境大改善：力争完成一批特困户危房改造工作，使贫困户居住条件明显改善，实现村组垃圾集中堆放、定时处置，基本解决饮水安全问题，村小学办学条件得到改善。

村支两委标准化：形成比较完善的村支两委工作制度，村支两委办公条件得到改善，财务制度、组织制度等得到健全，村支两委的战斗力明显提升。

## 二 主要任务

2015~2017 年长乐村帮扶的主要任务是推进"人居环境改善、产业扶贫、饮水安全、农田水利恢复、基础完善、教育扶贫、组织建设"七大工程，切实做好 11 件实事（见附录一）。

### 1. 人居环境改善工程

围绕村民重点关注的危房改造和环境卫生改善两个方面，积极推进贫困无房户新建住房和 D 级危房户住房改造项目，积极推进农村环境综合治理项目，努力改善村民居住环境。

### （1）危房改造

在全面摸底登记基础上，将全村 41 户符合政策规定的无房户和 D 级危房户根据贫困程度进行梯度区分，按照村民"自行三通、村统一建设"的形式分年度分批次进行住房建设和改造，严格按照省危房改造 1 人户不得超过 35 平方米、2 人户不得超过 45 平方米、3 人户不得超过 60 平方米、超过 3 人户的重点帮扶对象人均不得超过 18 平方米、超过 3 人户的一般帮扶对象人均不得超过 20 平方米标准进行建设，通过新建和改建基本解决贫困群众居住难、居住差的问题。

（2）农村环境综合整治

当前，由于村环境卫生设施建设严重滞后，村组垃圾无法得到及时集中处置，全村污染问题非常严重，人民群众反映强烈。要顺应老百姓的强烈呼声，把村环境污染整治作为全村年度首要工作，计划实施"长乐村环境污染综合治理项目"，按"集中存放、定期清理、集中处置"的方式解决全村环境污染难题。加强与省农办等衔接，2015~2016 年分批次逐步完成全村 233 个垃圾集中收集点建设。

2. 产业扶贫工程

立足已经进行探索的五谷走地鸡养殖、海狸鼠养殖和武冈市重点支持的铜鹅养殖等，积极探索村集体经济发展模式，把发展农村合作社与产业精准扶贫结合起来，实现村集体经济与产业扶贫同步发展。

（3）五谷走地鸡规模养殖

依托五谷走地鸡养殖大户成立养鸡合作社，实施委托帮扶等帮扶机制，大户与无劳动能力但有养殖意向的贫困户签订委托帮扶协议，根据协议对大户进行等额种苗补贴，销售后根据委托协议向贫困户支付红利。有劳动能力、愿意养殖的贫困户与大户签订收购协议，对贫困户进行直接种苗补贴。分三个年度实施，每年帮扶20户，补贴种苗款5万元，实现每户每年增收5000元以上。

（4）海狸鼠规模养殖

依托回乡创业的海狸鼠养殖大户，探索建立"养殖大户+村委会+贫困户"的股份制合作社，支持村以土地等入股，以委托帮扶形式支持大户扩大养殖规模。分三个年度实施，每年帮扶20户，补贴种苗款10万元，实现每户每年增收7000元以上。

（5）长托大塘水资源综合开发

依托60亩长托大塘，积极引进民间资本，吸引投资客商，争取建立村集体经济入股的股份制企业，将武冈铜鹅规模养殖、农家乐休闲、特色水产养殖等结合起来，结合实施委托帮扶，对长托大塘进行综合开发。计划分三个年度进行投资建设，包括大塘维修、道路建设、商业开发等。

3. 饮水安全工程

针对群众普遍反映强烈的饮水保障、饮水安全问题，积极推进长乐村饮水安全工程，切实解决老百姓喝水难的突出问题。

（6）长乐村饮水安全项目

按照对接双牌镇的主供水管，沿S219铺设引水主管道入村、分组建立大型蓄水池、水管对接到户的办法，一次性彻底解决村安全饮水问题。需铺设主水管4.7千米，铺设通往各组到水池主管 63.52 千米，修大型蓄水池 2 个。

4. 农田水利恢复工程

着眼于改善农业生产条件，加快以山塘维修和水渠修浚为主的农田水利恢复工程，有效解决全村生产用水难的突出问题。

（7）长托塘水利修复项目

重点对 60 亩长托塘进行清淤维修、塘底混凝土加固与安装电排、水渠 300 米恢复；对 20 亩兰凤大塘清淤及塘坝加固，对 9 组高木岭塘、8 组新塘和 17 组汉功塘进行塘底清淤和四面混凝土加固；对草鱼岩地下水进行开发，配套电排管道及修复水圳；对东云渠道进行总体恢复，修浚渠道 3000 米，恢复东云渠道供水灌溉。

5. 基础设施完善工程

针对需要扫尾部分通组公路硬化、错车道建设、村活动中心建设等问题，推进村组公路建设和村活动中心建设两个项目。

（8）村组公路建设

积极推动全村剩余村组公路硬化，重点完成 12 组通组公路 1 公里路面硬化，逐步对其余断头路、边境临界路等未硬化道路进行水泥硬化，对现有硬化道路修建错车道等，进一步提高全村道路通达水平。

（9）村活动中心建设

依托现在村部所在位置，结合村五保户集中供养中心建设，推进村活动中心建设，将村部加高一层，新建一栋占地 200 平方米的两层五保户集中居住楼房。

6. 教育扶贫工程

（10）基础教育帮扶

开展贫困学生对口长期助学援助，三年完成资助学生15名，争取落实资助资金 7.5 万元；改善村小学学生活动场所，新建村小学操场，美化校园环境，协助建设村小学图书室，争取投入资金 5 万元；开展支教活动，组织支教活动 4 次，有针对性地开展"两后生"职业技能培训。

7. 党支部能力提升工程

（11）党支部示范化建设

围绕开阔村干部视野、提高村干部能力素质有针对性地开展教育活动，组织村支两委成员到先进地区（村）考察学习集体经济发展经验 2 次，落实资金 2 万元；协助推进标准化党支部建设，协助完善制度建设，完善村部办公设施，改善村部办公条件，投资资金 1 万元，通过综合施策有效提高村党支部的战斗力。

## 三 扶贫主要进展及效果

2017 年初以来，湖南省社会科学院按照中央精准脱贫精神，以驻村工作队为纽带，认真落实省、邵阳和武冈市精准脱贫措施，以建档立卡贫困户为主要帮扶对象，以实现村民"两不愁、三保障"为基本目标，认真履行院帮扶责任和村第一书记职责，在武冈市扶贫部门、双牌镇党委的共同努力下，2016 年全村脱贫 27 户、109 人，实现了年初预定的脱贫任务。2016 年 9 月，《邵阳日报》、邵阳电视台、邵阳网专题报道了湖南省社会科学院驻村帮扶工作。

### 1. 领导高度重视，推动形成全院参与帮扶局面

湖南省社会科学院高度重视驻村帮扶工作，刘建武院长亲自抓扶贫，对帮扶工作负总责，并安排了一名副院长分管，考虑到帮扶工作好在院内协调，将扶贫工作归口院办公室管理。切实加大对驻村帮扶的支持，增加扶贫资金投入，压缩院工作经费，安排20余万元用于扶贫工作，新选派一名年富力强的干部充实扶贫工作队。认真落实结对帮扶工作，院专门下文落实结对帮扶工作，全院副处以上干部每人对口帮扶一户贫困户，按照帮扶贫困户生产资料、技能培训、保险补贴等方式对全部64户建档立卡贫困户进行对口帮扶。在院领导的大力推进下，全院形成了参与帮扶的氛围。

### 2. 以党建促扶贫、稳脱贫

按照全面加强党建工作的要求，认真落武冈市委、双牌镇党委"两学一做"教育活动有关工作，坚持把加强村党支部建设与扶贫工作结合起来，把落实贫困户精准识别（贫困户精准识别和调整工作方案见附录三）、结对帮扶等工作作为以党建促脱贫攻坚的重点任务。加强党支部学习教育，组织开展村党支部委员会集中学习9次。规范管理制度，建立"村党支部集中议事、村委财务管理、村干部轮流值班"等管理制度，增强了村支两委规矩意识，解决了原来比较突出的"随意表态、各行其是、各自为政、独断专行"等问题，恢复了民主生活会，村支两委凝聚力明显增强。配合镇党委进行党建

整改，围绕并村后长乐村党支部涣散问题，配合镇党委工作，撤换支部书记，协调有关工作，确保工作平稳开展。

### 3.认真协助落实武冈市委、市政府扶贫"三保障"工程

以解决前期、后期工作为切入点，认真协助落实和推进到村"危房改造、薄弱学校改造和村卫生室改造"扶贫工程，着力化解矛盾，协调、安排经费10万余元，确保前期集体土地能及时腾出、土地平整能及时到位、危房改造后贫困户能住得进、村卫生室能及时运行、村小学能有健身园地。2016年全村新落实危房改造31户，全部完成改造；村卫生室按时完工并为民服务，9月份侯文书记到村指导、安排全市乡镇党委书记到村观摩学习；村小学被纳入武冈市薄弱学校改造，新建一栋综合楼，增加运动操场，校园进行了全面绿化，面貌焕然一新；湖南省社会科学院联系社会公益组织"快乐公益"到村开展关爱留守儿童活动，捐赠电子设备、书籍、体育器材等价值2万多元，帮助建立小型阅览室1个。

### 4.着力推进村民迫切需求的基础设施建设

围绕村民反映强烈的部分组通组公路不畅、饮水难、环境卫生差等突出问题，湖南省社会科学院克服资金不足的困难，集中有限力量解决最突出的困难，协调争取资金29万元，力所能及地完成了一些基础设施建设。完成1组通组公路近1公里，解决35户107名村民出行难问题；集中开展村环境卫生整治，修建集中垃圾池3个，组织专门力量对村卫生死角进行彻底打扫和按户配置垃圾集中收

集设施；在市扶贫办支持下，以扶贫资金解决 12 组通组公路自筹资金难的问题；应对因旱缺水灾情，实施临时饮水改造，缓解 9~11 组饮水难的问题，并帮助更换 5 个抽水水泵，院安排资金推进村饮水安全前期工作，组织村干部请专业人员对鲤鱼岩水源进行探查、修缮。

5. 稳步实施产业帮扶项目

实施鸡山岭专业养殖合作社委托帮扶和藠头种植等产业项目，委托帮扶贫困户 46 户，完成村集体经济建设"孵化房"，在长沙建立分销店。

## 四　2016 年驻村帮扶具体工作

2016 年，湖南省社会科学院带着感情扶真贫、真扶

图 1-11　长乐村专门设置的党建资料柜和扶贫资料柜

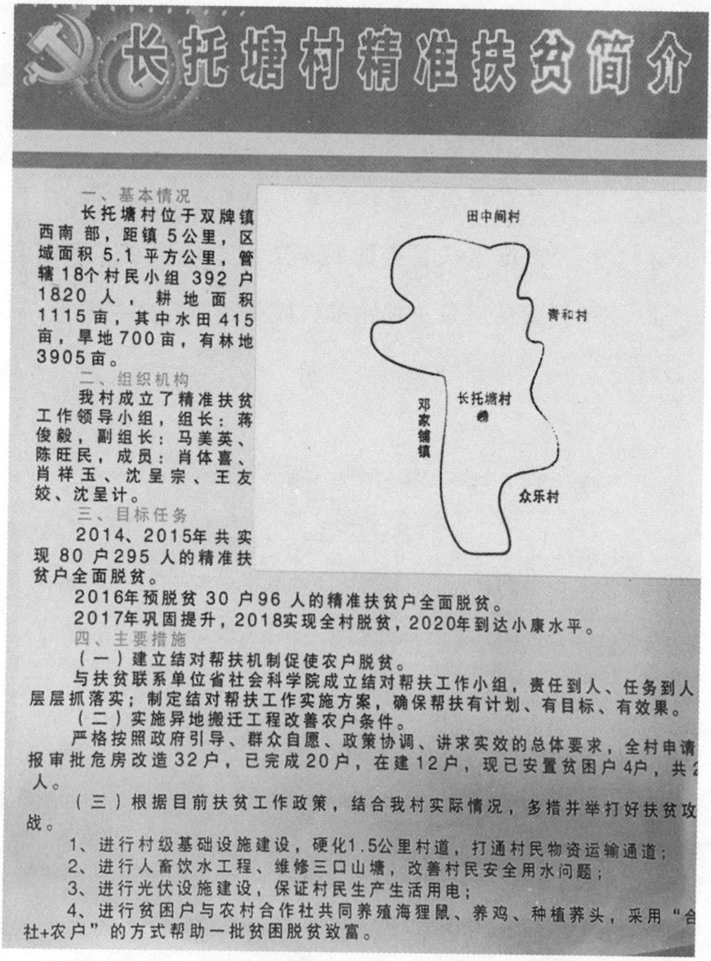

## 长托塘村精准扶贫简介

**一、基本情况**
长托塘村位于双牌镇西南部，距镇5公里，区域面积5.1平方公里，管辖18个村民小组392户1820人，耕地面积1115亩，其中水田415亩，旱地700亩，有林地3905亩。

**二、组织机构**
我村成立了精准扶贫工作领导小组，组长：蒋俊毅，副组长：马美英、陈旺民，成员：肖体喜、肖祥玉、沈呈宗、王友姣、沈呈计。

**三、目标任务**
2014、2015年共实现80户295人的精准扶贫户全面脱贫。
2016年预脱贫30户96人的精准扶贫户全面脱贫。
2017年巩固提升，2018实现全村脱贫，2020年到达小康水平。

**四、主要措施**
（一）建立结对帮扶机制促使农户脱贫。
与扶贫联系单位省社会科学院成立结对帮扶工作小组，责任到人、任务到人，层层抓落实；制定结对帮扶工作实施方案，确保帮扶有计划、有目标、有效果。
（二）实施异地搬迁工程改善农户条件。
严格按照政府引导、群众自愿、政策协调、讲求实效的总体要求，全村申请报审批危房改造32户，已完成20户，在建12户，现已安置贫困户4户，共2□人。
（三）根据目前扶贫工作政策，结合我村实际情况，多措并举打好扶贫攻坚战。
1、进行村级基础设施建设，硬化1.5公里村道，打通村民物资运输通道；
2、进行人畜饮水工程、维修三口山塘，改善村民安全用水问题；
3、进行光伏设施建设，保证村民生产生活用电；
4、进行贫困户与农村合作社共同养殖海狸鼠、养鸡、种植荞头，采用"合作社+农户"的方式帮助一批贫困脱贫致富。

（田中间村 青和村 长托塘村 邓家铺镇 众乐村）

图1-12　长托塘村（与众乐村合并为长乐村）精准扶贫告示

贫，通过驻村帮扶工作队压实任务，顺利推进了九个方面的工作。

1.坚持以"两学一做"为抓手促进党建工作

认真落实武冈市委、双牌镇党委关于加强"两学一做"的有关要求，组织开展村党支部委员会集中学习9次，组织召开全体党员会议1次，学习了习近平同志系列讲话精神、《中国共产党纪律处分条例》和《中国共产党廉洁自律准则》，通报并学习了湖南省纪委关于整治雁过拔毛式腐败的精神和典型案例。

2.重新确认建档立卡户，精准动态管理

根据省扶贫办的要求切实把建档立卡工作做细做实，做到扶贫对象更加精准、脱贫需求更加清楚、帮扶机制更

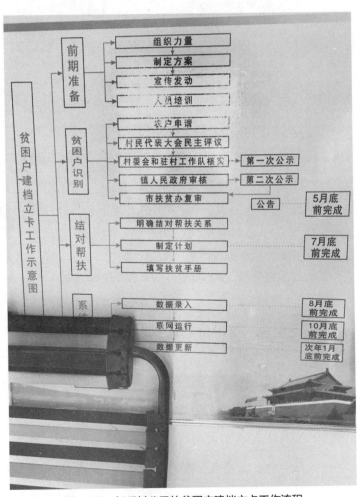

图1-13　长乐村公示的贫困户建档立卡工作流程

加健全、帮扶措施更加完善、脱贫成效更加明显。工作队与乡镇、村干部一起到组入户调查村民各项收入状况，重新确认 64 户 234 人建档立卡。

3. 结对帮扶，明确到人

根据省扶贫办驻村帮扶考核要求，省直帮扶单位干部必须与帮扶村的建档立卡贫困户结对帮扶。工作队拟定相关内容，并以《湖南省社会科学院文件》（湘社科〔2016〕28 号）的形式，通知各部门相关人员明确对口帮扶对象。

4. 实施产业帮扶项目

完成投资 38 万元，实施鸡山岭专业养殖合作社委托帮扶、成富海狸鼠专业合作社委托帮扶和藠头种植三个产业项目，委托帮扶贫困户 46 户，完成村集体经济建设"孵化房" 1 个，成功孵化土鸡苗 2000 羽，帮助养殖户通过湖

图 1-14　长乐村村支书办公室的扶贫宣传栏

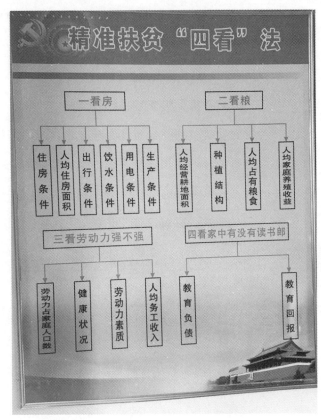

图1-15　长乐村公示的贫困户精准识别办法

| 组别 | 贫困户 户主姓名 | 贫困户 家庭人口 | 致贫原因 | 帮扶责任人 单位 | 帮扶责任人 姓名 | 帮扶责任人 职务 | 帮扶责任人 联系电话 | 产业发展 | 异地搬迁 | 危房改造 | 医疗救助 | 教育助学 | 社会兜底 | 生态补偿 | 其它 | 脱贫年限 |
|---|---|---|---|---|---|---|---|---|---|---|---|---|---|---|---|---|
| 合计 | 64 | 234 | | | | | | | | | | | | | | |
| 10 | 沈生良 | 5 | 因学 | 省社科院 | 慕玮 | 专职副书记 | 0731-84219591 | ✓ | | | | ✓ | | | | 2016年 |
| 16 | 沈呈根 | 4 | 因病 | 省社科院 | 陈军 | 处长 | 0731-84219118 | ✓ | | | | | ✓ | | | 2016年 |
| 5 | 武云红 | 2 | 因病残疾 | 省社科院 | 陈旺民 | 科长 | 0731-84219533 | ✓ | | | | | | | | 2016年 |
| 10 | 沈云学 | 4 | 危房 | 省社科院 | 陈旺民 | 科长 | 0731-84219533 | | | ✓ | | | | | | 2017年 |
| 18 | 镜小凤 | 5 | 因病 | 省社科院 | 陈文胜 | 处长 | 0731-84219103 | | | ✓ | | | | | | 2016年 |
| 14 | 沈云贵 | 1 | 因病 | 省社科院 | 邓子纲 | 副所长 | 0731-84219137 | | | ✓ | | | | | | 2017年 |
| 5 | 沈云友 | 3 | 危房 | 省社科院 | 方向新 | 副巡视员 | 0731-84219551 | | | ✓ | | | | | | 2017年 |
| 1 | 沈树军 | 4 | 残疾多病 | 省社科院 | 郭钦 | 副所长 | 0731-84219178 | | | ✓ | | | | | | 2016年 |
| 11 | 沈呈礼 | 4 | 残疾多病 | 省社科院 | 贺培育 | 副院长 | 0731-84219551 | | | ✓ | | | | | | 2017年 |
| 17 | 沈敦礼 | 4 | 因病 | 省社科院 | 胡跃福 | 所长 | 0731-84219121 | | | ✓ | | | | | | 2016年 |
| 8 | 谭秋叔 | 6 | 因病残疾 | 省社科院 | 黄海 | 所长 | 0731-84219160 | | | ✓ | | | | | | 2016年 |
| 4 | 沈呈俊 | 4 | 因病 | 省社科院 | 姜灿堂 | 副主任 | 0731-84219593 | | | | | | ✓ | | | 2016年 |
| 6 | 孙细英 | 2 | 因病 | 省社科院 | 蒋侍毅 | 副主任 | 0731-84219149 | | | | | | | ✓ | | 2016年 |

第1页，共5页

图1-16　长乐村具体到户的脱贫计划公示

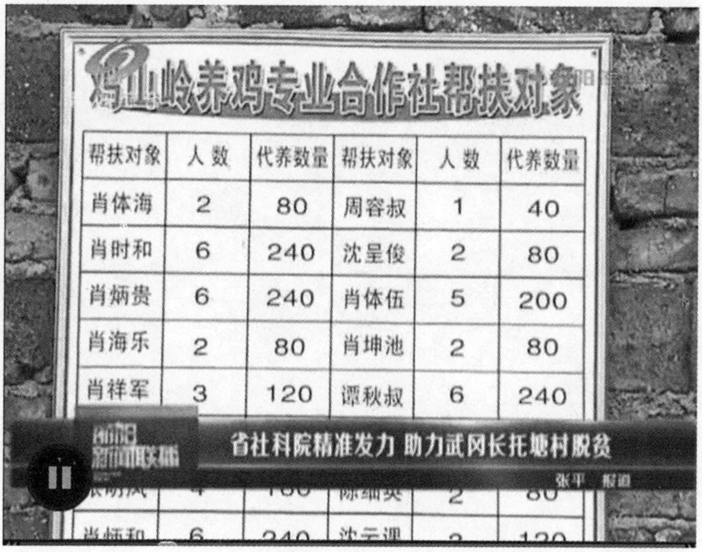

图1-17 湖南卫视午间档新闻节目推介长乐村养鸡合作社

南卫视午间档新闻节目进行宣传推介，在长沙建立分销店1个。产业帮扶对象每户平均增收2000元，村集体经济增收超过8000元。

5.扎实推进危房改造工作

按照武冈市统一部署，认真核实贫困户危房情况，认真推进村危房改造工作，2016年新落实危房改造31户，全部动工建设，完成建设20户，乔迁入住20户。

6.积极推进卫生室改造

争取武冈市投资30万元，完成新建村卫生室一栋，9月份正式开始为民服务，武冈市市委书记亲自率领全市乡镇党委书记到村观摩学习。

图1-18 长乐村新建的村卫生室

### 7. 实施教育扶贫

此次调研发现，长乐村存在几十年间的教育停滞问题。家中60岁左右的老人几乎没有文盲，大部分的最高学历是初中，甚至有不少人是高中。然而到了老人的儿女辈，甚至是20世纪90年代的孙子孙女辈，很多人的最高学历仅是初中。这种状况引人深思。

湖南省社会科学院对长乐村的教育扶贫工作主要有如下几点。①加强对小学生的关怀，联系社会公益组织"快乐公益"到村开展关爱留守儿童活动，捐赠设备、书籍、体育器材等价值2万多元，帮助建立小型阅览室1个。②争取并将村小学纳入武冈市薄弱学校改造，已新建成一栋综合楼，现已完成主体工程，进入装修阶段。对校园进行了全面绿化，更换了部分门窗。③组织"快乐公益"为村小学捐资 2 万元，新配置了电子图书阅览室一间。④湖南省社会科学院在帮扶专项中安排 4 万元对村小学进行了维修加固，拓宽了村小学前道路 300 米，改善了留守儿童学习环境。⑤ 2016 年 12 月初，院团委组织开展关心留守儿童募捐活动，募集资金 5000 多元，为村小学生购置校服，捐赠体育器材和图书。

8. 推进环境整治

针对村组卫生环境脏、乱、差的情况，集中开展村环境卫生整治，投入 3 万元，组织专门力量对村卫生死角进行彻底打扫和按户配置垃圾集中收集设施，制定村环境卫生村规民约，并开展"环境卫生学生在行动"活动，村环境卫生得到明显改善。

9. 组织干部对村安全饮水进行前期勘察和水源修缮

为了应对因旱缺水灾情，解决人畜安全饮水问题，组织村干部请专业人员对鲤鱼岩水源进行探查、修缮。

## 五 2017 年帮扶工作计划

2017 年是省本轮驻村帮扶最后一年，也是长乐村脱贫攻坚的关键一年，驻村帮扶队将继续按照省驻村帮扶精神，认真贯彻落实院党组有关驻村帮扶工作部署，坚持不越位，切实协助推进整村脱贫攻坚。计划重点协调推进七项工作。

1. 继续加强党建工作

继续按照有关要求开展"两学一做"教育活动；开展党组活动，及时组织时事政治学习和各级扶贫政策学习，发挥党员带头作用。

2. 继续推进产业帮扶

进一步巩固和推进两个养殖产业帮扶项目，完成第二批委托帮扶分红。根据条件增加2至3个种养产业，加强跟踪服务和统筹，重点督促合作社创新销售模式，解决产品销路问题，力争实现年度脱扶增收任务。争取武冈市正在筹建的大型养殖企业在长乐村设立养殖点，努力增加集体经济收入。

3. 推进基础设施建设

着眼解决村1~11组饮水难的突出问题，重点把饮水安全工程落实到位督查资金落实，促进项目实施，力争在年底前完成村饮水安全建设。

4. 做好精准脱贫工作

对建档立卡的贫困户进行动态跟踪和服务，保证分红、危房改造等顺利完成，按程序做好精准脱贫登记，确保建档立卡贫困户如期脱贫。着力推进贫困户精准脱贫。在精准识贫、精准脱贫工作基础上，在1月初启动2017年贫困户精准识别、动态管理和预脱贫核实工作，按照"贫困户申请、评议小组入户调查打分、村支两委集中研究确定、公示"的程序，确定2017年建档立卡贫困户名单，继续实施结对帮扶，落实帮扶措施，确保贫困户能有效得到政策支持和如期脱贫。

5. 解决最突出的饮水安全问题

争取市水利、扶贫等部门支持，整合扶贫资金，重点解决村民饮水不稳定、不安全等突出问题。计划从2016年度、2017 年度省扶贫部门下拨到武冈的省驻村帮扶专项资金中安排 100 万元、整合湖南省社会科学院从邵阳市争取到的 10 万元水利资金和湖南省社会科学院 10 万元扶贫资金，争取资金规模在 120 万元左右，分 2~3 期，集中解决全村饮水安全问题。

6. 推进产业集体经济项目建设

按照力保村集体经济收入 4 万元的脱贫标准，积极实施村集体经济项目。计划从 2016 年度、2017 年度省下拨到武冈的驻村帮扶资金中，安排 120 万元以上，用于实施大棚蔬菜、光伏发电或养殖产业。由于产业发展市场风险比较大，产业扶贫项目不能失败，目前正在积极考察，希望能引进有市场基础的企业到村，通过扶贫资金入股形式发展委托帮扶和集体经济。

7. 协助打造"永不撤走的扶贫工作队"

按照省驻村帮扶要求，继续下大力气协助镇党委推进村党支部建设，探索建立湖南省社会科学院党支部与村党支部结对共建，帮助完善党建制度，完善村党支部硬件配套，组织村支两委班子走出去学习，推荐党支部结构优化方案，努力协助镇党委在村打造作风正、能力强、威信高的两委班子，为长乐村留下一支"永不撤走的扶贫工作队"。

## 六 扶贫面临的主要问题

当前，驻村帮扶工作总体进展良好，但是，也面临着一些突出的挑战和问题，主要表现在以下三个方面。

## （一）组织执行能力弱

好的基层党支部是实现脱贫致富的重要组织保障，但是，从了解的情况看，贫困村的党支部普遍偏弱，思想觉悟、工作能力亟待提高。驻点村支两委主要干部年龄都超过50岁，村干部创新开拓意识和对外公共关系能力不够强，思想觉悟、工作能力、工作水平、知识水平、眼界视野等有待提高，亟待补充新鲜血液，提高基层党组织的战斗力。

## （二）保障兜底压力大

通过摸底调查，发现当前最主要的贫困原因是因病、因残造成的缺少劳动能力，长乐村重病残疾现象多，全村残疾人有66户72人，有残疾人的家庭占到了16.8%；患重病家庭多，因病致贫比重超过50%。这部分人短期内脱贫困难非常大，对于这类贫困户，关键是要靠社会保障兜起来，从目前的五保、低保供养情况看，全村保障兜底的压力特别大。

## （三）扶贫没有形成合力

当前，驻村帮扶工作主要是扶贫办在努力，其他分管部门缺乏主动性，相关配套政策、措施和资金还没有跟进，没有对驻村帮扶统一安排项目，对省驻村帮扶专项扶贫资金使用缺乏主动对接和服务，村里项目仍然要靠单个争取、协调，效率相对较低。

## 第四节　长乐村扶贫经验

通过合作社实施产业精准扶贫是长乐村扶贫工作组的一大经验。不敢发展产业、不知道发展什么产业、不知道怎么发展产业是长乐村无法形成增收内生循环的瓶颈和症结。湖南省社会科学院驻村帮扶以来，始终坚持把发展产业、建设村集体经济作为驻村帮扶的重点，依托大户和带头人，以专业合作社为主阵地，积极推动村种养殖产业发展，形成"统一思想、村集体建设、股份合作、稳定分成"的产业精准帮扶的亮点，主要做法体现在三个方面。

### （一）统一思想，凝聚壮大集体经济的共识

工作队进村后，针对村干部对发展产业不理解、没办

图1-19　长乐村"响应习总书记号召着力破解村级集体经济发展难题"

法、不感兴趣的现实状况，想方设法触动他们的心理，一是宣传产业扶贫政策，通过"输血"和"造血"的比较，让村干部逐渐认识到这一轮扶贫的关键是要增强自身的内生动力，形成良性循环；二是组织考察学习，工作队组织村主要干部到长沙县开慧村、光明村学习考察，让他们通过亲身体验感受到村集体经济壮大后的好处，回来后，村干部的思想受到了很大的冲击；三是集中讨论，通过一段时间潜移默化的影响，围绕集体经济发展的作用开展集中学习和讨论，最终统一了思想认识，为产业发展奠定了坚实的组织基础。

（二）依托大户发展专业合作社

产业发展最好能接地气，千万不能生搬硬套，要充分尊重群众的意愿，发展他们自己想干、能干、喜欢干的产

图1-20　长乐村村民饲养的"五谷走地鸡"

业。秉持着接地气、贴近村里实际、发挥村里产业潜力的原则，以产业大户为龙头，积极促进建立专业合作社，从而建立起产业扶贫的坚实阵地。工作队经过认真评选、充分论证，组织村民代表、党员代表评议，最后村党支部集体讨论决定发展"五谷走地鸡"和海狸鼠两个产业专业合作社，发动贫困户加入合作社，采取委托帮扶的形式进行集中养殖，贫困户根据苗种补贴进行红利分成，既控制了风险也有利于管理。在短短的三个月内，先后有 30 多户贫困户加入了专业合作社，贫困户多了一个增收的渠道。

### （三）实行公司独立经营的合作社股份合作模式

合作社要发展得好，必须尽可能地减少"行政"干预，按照市场规律进行运营和管理。为了提高合作社的营运效率，降低合作社的行政管理成本和市场风险，驻村帮扶工作队提出了村集体经济入股、龙头大户全权营运、财务村集体监管的组织营运模式，工作队将帮扶资金注入合作社作为股本，村集体与管理经营的龙头大户签订盈利分成协议，在年利润中留出 20% 作为扩大生产资本金后的利润余额，双方按照四六比例分成，既保证了村集体经济收益，也有效调动了龙头大户的经营积极性。

以扶贫工作组建设的合作社为平台，长乐村的村产业发展开始起步，实现了村集体经济收入零突破。在合作社成员的影响下，激发了村民发展致富、勤劳致富的动力，有力地促进了村民观念的转变。

第二章

贫困户家庭成员构成特征

课题组于 2017 年 4 月采用"精准扶贫精准脱贫百村调研住户调查问卷"在长乐村展开问卷调查。课题组按长乐村提供的住户花名册，分别在"建档立卡户"和"非建档立卡户"中，以随即抽取的方式确定了调查对象。共发放 62 份问卷，最后回收有效问卷 62 份，其中"建档立卡户"问卷 34 份，"非建档立卡户"问卷 28 份。本章即根据上述问卷调查的结果展开分析，旨在通过贫困户与非贫困户相关特征的对比，勾勒出长乐村贫困现状、特征及主要原因。主要内容包括贫困户与非贫困户的家庭成员构成特征及差异、贫困户与非贫困户的生活状况差异、贫困户与非贫困户的居住情况差异、贫困户致贫的原因、贫困户与非贫困户对扶贫措施及效果的评价。

如图 2-1 所示，在调查样本中，贫困家庭中，人口数越多的家庭其占比越高。贫困户中家庭人口数不少于 4 人的家庭占 47.06%，家庭人口数只有 1 人的占 11.76%。非贫困户中家庭人口数不少于 4 人的家庭也占绝大多数，比例为 67.86%。比较可知，贫困户中人口数不少于 4 人的家庭比例明显低于非贫困户人口数不少于 4 人的家庭比例。同时，非贫困户样本也没有呈现家庭数随家庭人口数递增的特征，其中人口数为 2 人的家庭显著多于人口数为 3 人的家庭。此外，非贫困户中没有人口数只有 1 人的家庭。贫困户与非贫困户中人口数多的家庭比例都最高，但为什么前者贫困而后者非贫困呢？下面关于家庭劳动力数量和相应的人口就业结构（家庭劳动人口比）分析，可以对这一问题做出初步回答。

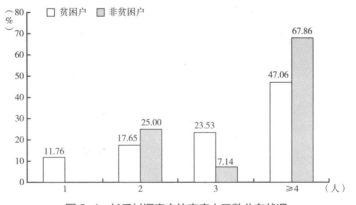

图 2-1　长乐村调查户的家庭人口数分布状况

资料来源：精准扶贫精准脱贫百村调研 – 长乐村调研。

说明：本书统计图表，除特殊标注外，均来自长乐村调研。

## 第一节 家庭成员劳动状况

**1. 户内劳动力数量**

如图 2-2 所示，在调查样本中，贫困家庭中，基本劳动力数越多的家庭，其占比越低。其中劳动力只有 1 人的家庭在贫困户中占 35.29%；还有 1/3 左右的贫困家庭中甚至没有劳动力；而家庭劳动力不少于 4 人的贫困户比例只有 5.88%；家庭劳动力为 2 人和 3 人的贫困户比例也都不超过 15%。非贫困户中家庭劳动人口不少于 4 人的则占到 1/4，家庭劳动力为 2 人的家庭比例超过 1/5。比较而言，非贫困户中劳动力较多的家庭比例明显高于贫困户中劳动力较多的家庭比例。由此可见，家庭劳动力数量不足是导致家庭贫困的重要因素之一。

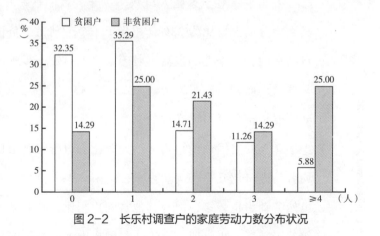

图 2-2 长乐村调查户的家庭劳动力数分布状况

**2. 户内人口就业结构（家庭劳动人口比）**

通过对家庭劳动人口的分析可以更为准确地解释为什

么贫困户中人口数多的家庭比例较高。家庭劳动人口比即一个家庭中劳动力数量与总人口数量之比。图2-3显示了调查户的家庭劳动人口比分布状况。在贫困户中，劳动人口比为0即前述家庭劳动力人数为0的家庭占比最高，其比例约为1/3；占比居其次的是劳动人口比为0.21~0.40的家庭；占比最低的是劳动人口比为0.61~0.80的家庭。在非贫困户中，劳动人口比为0.41~0.60的家庭占比最高，其比例也约为1/3；占比居其次的是劳动人口比为0.61~0.80的家庭；占比最低的是劳动人口比为0.01~0.20的家庭。由此可见，与非贫困户相比，贫困户中低劳动人口比的家庭占比明显偏高，而高劳动人口比的家庭占比明显偏低。这意味着贫困家庭中，每个劳动力的负担普遍高于非贫困家庭中的劳动力。

　　进一步，对于家庭人口数不少于4人的贫困户而言，其平均劳动人口比为33%，相当于1个劳动力要负担包括自己在内的3个人的生活。对于家庭人口数不少于4人的非贫困户而言，其平均劳动人口比为53%，相当于1个劳动力要负担包括自己在内的2个人的生活。家庭人口数不少于4人的贫困户的平均劳动人口比，与所有贫困户的平均劳动人口比几乎相等。可见，贫困户中人口数多的家庭虽然劳动力也较多，但与其他贫困户相比，其劳动力的负担并未减轻，更是明显重于非贫困户中人口数较多家庭的劳动力负担。

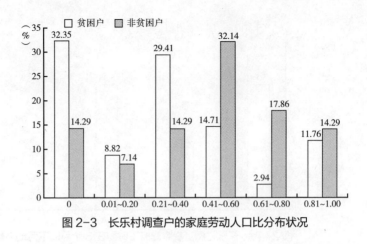

图2-3　长乐村调查户的家庭劳动人口比分布状况

3. 按务工时间区分的户内劳动力数

图2-4（a、b、c）显示了按务工时间区分的调查户家庭劳动力数分布情况。分析可知，贫困户劳动力主要集中在务工时间在3个月以下劳动力部分和6~12个月劳动力部分，所占比例分别为14.71%和50.00%，其中在劳动力务工时间为6~12个月家庭中，有大部分的贫困家庭中只有1个劳动力时间在6~12个月，其中务工时间为6~12个月的劳动力多于4个的贫困家庭仅占5.88%的比例；非贫困户劳动力主要集中在务工时间为3~6个月和6~12个月劳动力部分，所占比例分别为14.29%和75.00%，并且在劳动力务工时间为6~12个月的非贫困家庭中，约有1/4的家庭劳动力务工时间在6~12个月的人数超过4个，是贫困户相应比例的4倍多。可见，贫困家庭不仅劳动力数总体上明显少于非贫困家庭，贫困家庭中的劳动力务工时间也远低于非贫困家庭中劳动力所达到的务工时间。

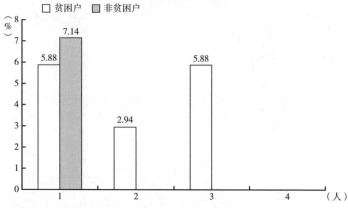

图 2-4a 长乐村调查户家庭务工时间在 3 个月以下劳动力数分布

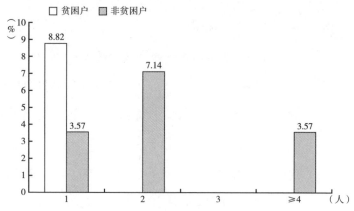

图 2-4b 长乐村调查户家庭务工时间在 3~6 个月劳动力数分布

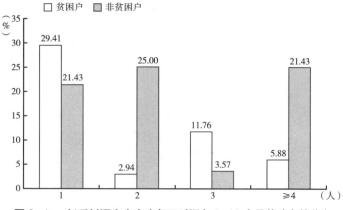

图 2-4c 长乐村调查户家庭务工时间在 6~12 个月劳动力数分布

4. 户内劳动力就业地域（本地、本县、本省、外省）

图 2-5（a~e）对不同就业地域的贫困户及非贫困户内劳动力进行观察分析，贫困户中劳动力就业地域主要集中在省外，贫困户省外务工劳动力数为 1 人、2 人、3 人的家庭的占比分别为 32.35%、8.82% 和 8.82%，而非贫困户的相应比例分别为 17.86%、21.43% 和 14.29%。两者相比较而言，贫困家庭在省外务工的人数主要是 1 人，而非贫困家庭在省外务工主要为 2 人。相较于贫困家庭，非贫困家庭在乡镇内、乡镇外县内和县外省内务工劳动力数多于贫困家庭，贫困家庭在乡镇内务工劳动力数少于非贫困家庭，如贫困家庭在乡镇内务工劳动力数为 2 人的家庭比例为 5.88%，而非贫困户的这一比例达到了 21.43%，约为贫困家庭所占比例的 3.7 倍；贫困家庭在乡镇外县内务工劳动力数为 1 人的比例为 5.88%，而非贫困家庭的相应比例达到了 14.29%，约为贫困家庭所占比例的 2.4 倍；贫困家庭在县外省内务工的劳动力数为 1 人的家庭所占的比例为 2.94%，非贫困家庭的这一比例达 10.71%，约为贫困家庭所占比例的 3.7 倍。由此可知，贫困户在劳动力分布中比起非贫困户也有明显的劣势。贫困家庭和非贫困家庭在劳动力分布的集中度上具有明显的差别，非贫困家庭比较集中，一般会选择工作在距离自己的家庭比较近的位置，而贫困家庭比较分散，工作地距离自己家庭的位置也会稍远一些。

5. 户内劳动力类型

图 2-6（a、b）对不同劳动力类型的贫困户及非贫

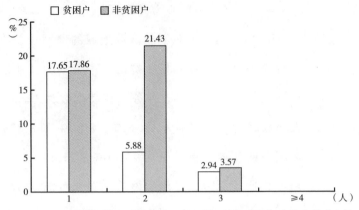

图2-5a 长乐村调查户家庭户内劳动力务工地区集中在乡镇内劳动力数

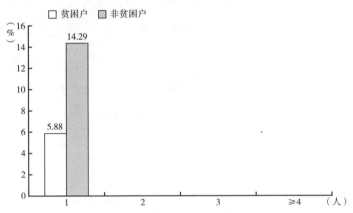

图2-5b 长乐村调查户家庭户内劳动力务工地区集中在乡镇外县内劳动力数

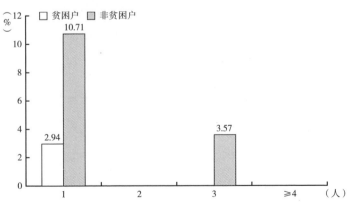

图2-5c 长乐村调查户家庭户内劳动力务工地区集中在县外省内劳动力数

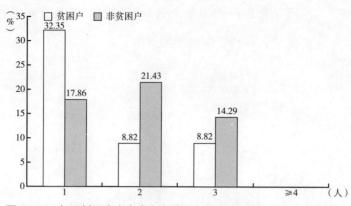

图 2-5d　长乐村调查户家庭户内劳动力务工地区集中在省外劳动力数

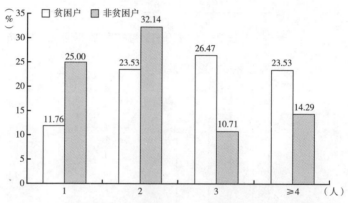

图 2-5e　长乐村调查户家庭户内劳动力务工情况为其他劳动力数

困户进行观察分析，贫困户普通劳动力数集中在 1 人和 2 人，非贫困户中普通劳动力数主要集中在 2 人和 4 人及以上，比例分别为 39.29% 和 25.00%，贫困户在技能劳动力数上所占比例比非贫困户略高。贫困户在技能劳动力数为 1 人和 2 人的家庭中所占的比例分别为 8.82% 和 5.88%，非贫困户的比例分别为 7.14% 和 3.57%。由此可见，农村家庭中普遍缺失技能劳动力，但是，造成长乐村贫困户贫困的主要原因不是贫困户缺乏技能型劳动力，而是贫困户普遍缺乏普通劳动力。普通劳动力数若相对充足，有利于家庭摆脱贫困。

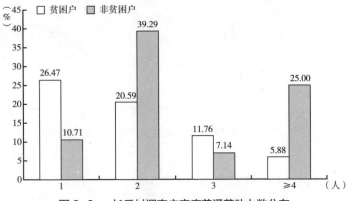

图2-6a　长乐村调查户家庭普通劳动力数分布

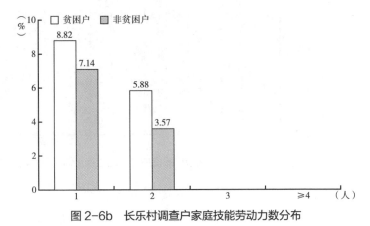

图2-6b　长乐村调查户家庭技能劳动力数分布

## 第二节　家庭成员素质状况

1. 户内人口受教育程度

图2-7（a~f）对贫困户及非贫困户内劳动力受教育程

度进行观察分析，贫困家庭在受教育程度为大专及以上的人数集中在 1 人的比例为 5.88%，而非贫困家庭的相应比例为 7.14%。并且，非贫困户在受教育程度为大专及以上的人数为 2 人的比例为 7.14%，而贫困户相应比例为 0。贫困家庭在较高教育水平上相比于非贫困家庭上的分布具有劣势。

通过对比图 2-7a、2-7b 和 2-7c 以及 2-7d 可知，贫困户在文盲和小学教育水平上的分布比例明显高于非贫困户，但是在初中、高中教育水平的分布比例明显低于后者，如贫困户和非贫困户在教育水平为文盲的数量集中在 1 人，比例分别为 29.4% 和 21.43%，前者显著高于后者。贫困户在初中教育水平人数为 1 人、2 人、3 人和不少于 4 人的比例分别为 29.41%、11.76%、17.65% 和 2.94%，而非贫困家庭的相应比例分别为 25.00%、35.71%、14.29% 和 3.57%，可以看出，非贫困户在初中教育水平人数为 2 人的分布阶段具有明显优势，后者大约是前者的 3 倍；贫困户接受高中教育水平人数为 1 人、2 人、3 人和不少于 4 人的比例分别为 26.47%、8.82%、2.94% 和 0，非贫困户相应的比例分别为 28.57%、21.43%、0 和 3.57%。两者在其他阶段分布比例大致相似。由此可知，贫困户整体受教育水平低于非贫困户，而受教育水平在一定程度上又会影响个人经济发展水平，在教育方面的相对劣势也是导致贫困的原因之一。

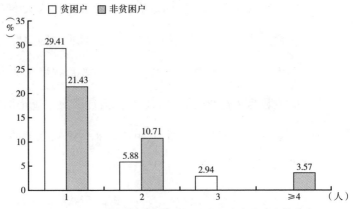

图 2-7a　长乐村调查户家庭受教育程度为文盲人数分布

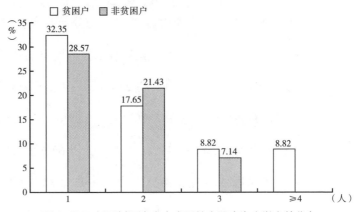

图 2-7b　长乐村调查户家庭受教育程度为小学人数分布

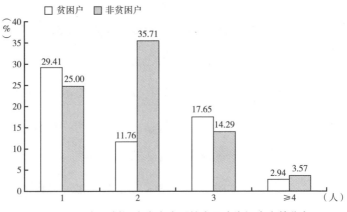

图 2-7c　长乐村调查户家庭受教育程度为初中人数分布

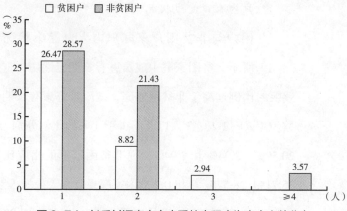

图 2-7d　长乐村调查户家庭受教育程度为高中人数分布

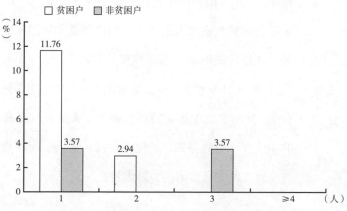

图 2-7e　长乐村调查户家庭受教育程度为中专人数分布

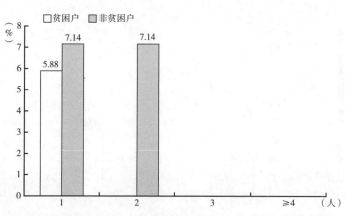

图 2-7f　长乐村调查户家庭受教育程度为大专及以上人数分布

## 2. 户内人口健康状况

贫困户与非贫困户家庭户内人口健康状况如图2-8（a~d）所示，贫困家庭中成员患有长期慢性病、重大疾病和残疾的比例远高于非贫困家庭，贫困家庭患有长期慢性病人数为1人、2人、3人以及不少于4人的比例分别为47.06%、20.59%、2.94%和2.94%，而非贫困家庭的相应比例分别为35.71%、28.57%、0和0。贫困家庭患有重大疾病人数为1人、2人、3人和不少于4人的比例分别为17.65%、8.82%、2.94%和0，而非贫困户的相应比例分别为3.57%、0、0、0，贫困家庭患有重大疾病人数为1人的比例是非贫困家庭的5倍之多；此外，贫困家庭患有残疾的人数为1人、2人的比例分别约为14.71%和2.94%，非贫困家庭的相应比例分别为3%和0，贫困家庭中患有残疾人数为1人的比例是非贫困家庭的4倍多。由此可知，长期慢性病、重大疾病和残疾等病况是导致贫困家庭贫困的关键因素之一。

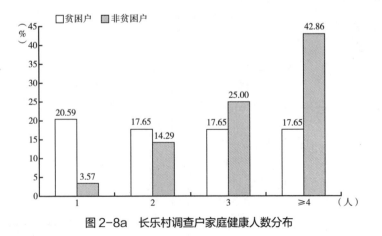

图2-8a 长乐村调查户家庭健康人数分布

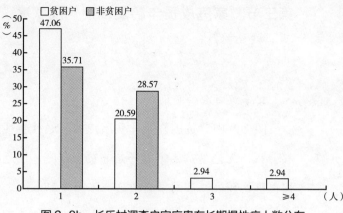

图 2-8b　长乐村调查户家庭患有长期慢性病人数分布

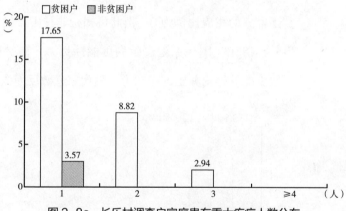

图 2-8c　长乐村调查户家庭患有重大疾病人数分布

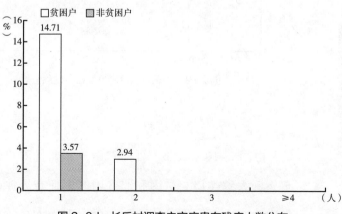

图 2-8d　长乐村调查户家庭患有残疾人数分布

## 第三节　家庭成员年龄及性别构成状况

### 1. 家庭社会性质

图 2-9 中对贫困户及非贫困户的家庭社会性质进行观察分析，无论是贫困家庭还是非贫困家庭，纯老年家庭的比例都比较高，贫困家庭中这一比例为 17.65%，非贫困家庭中这一比例为 14.29%，贫困家庭中纯老年家庭比例较高。在非贫困家庭中，隔代家庭所占比例为 3.57%；相比之下，贫困家庭的相应比例为 0。由此可知，非贫困家庭由于劳动力外出务工，隔代家庭产生的可能性更大，而贫困家庭由于缺少能够外出务工的劳动力，隔代家庭数反而为 0。

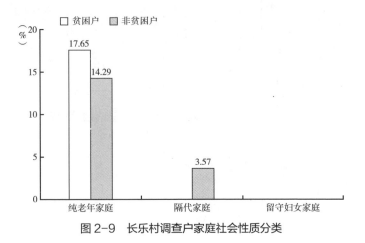

图 2-9　长乐村调查户家庭社会性质分类

### 2. 户内人口性别结构

由图 2-10（a、b）可知贫困户和非贫困户的性别分布比例大致类似。贫困和非贫困家庭拥有男性的数量都集中为 2 人，比例分别为 35.29% 和 35.71%；在女性分

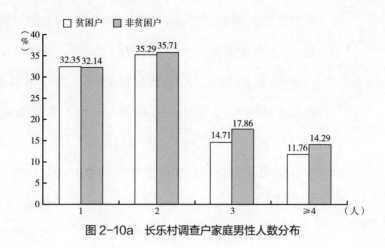

图2-10a　长乐村调查户家庭男性人数分布

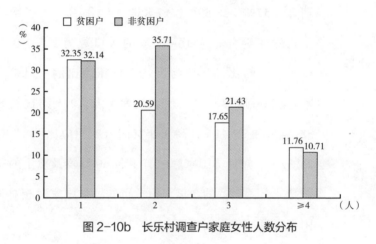

图2-10b　长乐村调查户家庭女性人数分布

布中略有不同，非贫困家庭拥有女性成员数量集中在 2 人，比例为 35.71%，而贫困家庭则主要集中在 1 人，比例为 32.35%。这意味着人口性别比例对一个家庭是否贫困没有显著影响，或者说家庭人口性别比例并不是导致贫困的因素。

3. 户内人口年龄结构

分析调查户家庭人口年龄结构，由图 2-11a 可知，贫困以及非贫困家庭在 0~15 岁人口年龄分布类似，贫困家庭 0~15 岁人数为 3 人的比例为 14.71%，非贫困家庭相应比例为 10.71%，前者比例略高于后者；由图 2-11b 和图 2-11c 可知贫困家庭在 16~59 岁人数分布中相比非贫困家庭有明显的劣势，在 60 周岁及以上人口分布中具有明显优势，如贫困家庭年龄为 16~59 岁的人口数为 1 人、2 人、3 人和不少于 4 人的比例分别为 26.47%、23.53%、11.76%、20.59%，而非贫困家庭的相应比例分别为 3.57%、28.57%、17.86%、32.14%，可以看出非贫困家庭年龄分布为 16~59 岁的人口数为 2 人、3 人和不少于 4 人的比例显著高于贫困户相应比例，但是，贫困家庭在 60 周岁及以上的人数为 1 人、2 人的比例分别为 38.24% 和 29.41%，高于非贫困家庭相应比例 17.86% 和 28.57%，并且贫困家庭中有 1 名 60 周岁及以上的所占比例是非贫困家庭的 2 倍。由此可知，贫困家庭相对于非贫困家庭老龄化程度更高。

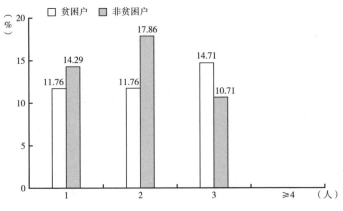

图 2-11a  长乐村调查户家庭年龄在 0~15 岁人数分布

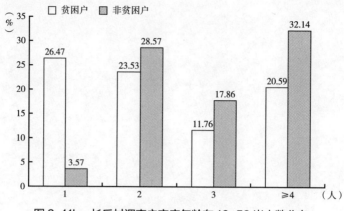

图 2-11b 长乐村调查户家庭年龄在 16~59 岁人数分布

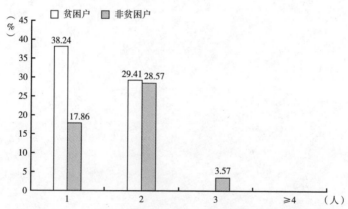

图 2-11c 长乐村调查户家庭年龄在 60 周岁及以上人数分布

第三章

长乐村贫困现状、主要原因及脱贫措施

## 第一节　贫困户和非贫困户生活状况

### 一　家庭收支状况

1. 家庭人均收入分布状况

如图 3-1 所示，在调查样本中，贫困家庭人均收入与所占比例没有明显线性关系。贫困户中家庭人均收入小于 1000 元的约占 15%，大于 3000 元的占 44.12%。非贫困户中家庭人均收入大于 3000 元的占绝大多数，比例为 82.14%。比较可知，贫困户中人均收入大于 3000 元的家庭比例明显低于非贫困户比例。要指出的是，根据湖南省贫困标准[①]，非贫困家庭中不应该有人均收入低于3000元的家庭。问卷中出现这种情况的可能原因是这些非贫困家庭尚未被建档立卡纳入贫困户，或者问卷调查中被调查者隐瞒了真实的收入状况。

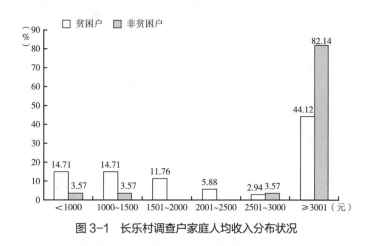

图3-1　长乐村调查户家庭人均收入分布状况

2. 家庭主要收入来源构成

如图3-2所示，在调查样本中，无论是贫困户还是非贫困户家庭收入来源中以工资性收入为主所占比例最大。其中贫困家庭中以工资性收入为主的比例为44.12%，有17.65%左右的贫困户以低保收入为主，以赡养性收入为主的贫困户比例为14.71%，以其他收入来源为主的所占比例较低。非贫困户中以工资性收入为主的则占到3/5，以赡养性收入为主的家庭比例超过了14.29%，还有7.14%左右的家庭主要收入分别来自于非农业经营与养老金、退

---

① 2011年中央决定将农民人均纯收入2300元（2010年不变价）作为新的国家扶贫标准。扶贫标准并不是一成不变的，国家每年都会根据物价指数等因素进行相应调整。2016年湖南省扶贫标准为家庭人均纯收入2952元，因而非贫困家庭人均收入至少不应该低于此标准。

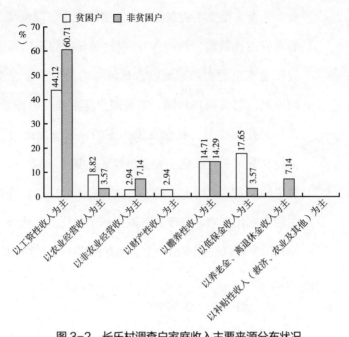

图 3-2　长乐村调查户家庭收入主要来源分布状况

休金。总体而言，无论是非贫困户还是贫困户都以工资性收入为主要家庭收入来源；而非农业经营收入主要是受益于城市化进程，大部分农村人口离开农村进城务工导致收入结构的变化。工资性收入的变化对于贫困人口的数量有着至关重要的影响。

　　3. 家庭主要支出构成

　　通过对家庭支出的分析可以更为准确地得出贫困户家庭主要负担来自食品和医疗两方面支出。图 3-3 显示了调查户家庭支出分布状况。在贫困户中，以食品支出为主的家庭占比最高，约占 1/2；占比居其次的是以报销后医疗费用总支出为主的家庭，约占 2/5；占比最低的是以教育总支出为主的家庭。在贫困户中没有以养老保险费、合作医疗保险费、礼金支出为主的家庭。在非贫困户中，以食品支出为主的家庭占比最高，约占 3/5；占比居其次的是以报销后医疗费用总支出为主的家庭；占比最低的是以教育总支出为主的家庭。与贫困户相同，非贫困户基本没有以养老保险费、合作医疗保险费、礼金支出为主的家庭。由此可见，非贫困户和贫困户在家庭主要支出构成上基本相似，以食品支出为主的家庭占了绝大多数。不过，贫困户中以教育总支出为主的家庭比例明显高于非贫困家庭中的比例。此外，有部分非贫困家庭以礼金支出为主，而贫困户中无此类家庭。

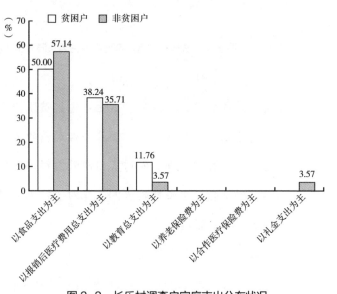

图 3-3　长乐村调查户家庭支出分布状况

**4. 家庭财产状况**

如图 3-4 所示，在调查样本中，贫困家庭拥有手机的比例非常之高，达到了 91.18%，但是能够联网的手机占比却不高，只有 32% 的家庭拥有可供上网的手机；其次是彩色电视机，接近 67.65% 的贫困家庭拥有彩色电视机；47.06% 的贫困家庭拥有电冰箱或冰柜；32.35% 的贫困家庭拥有洗衣机；在交通工具方面，20.59% 的贫困家庭拥有摩托车/电动自行车（三轮车），只有 5.88% 的贫困家庭拥有机动车。非贫困户中 89.29% 左右的家庭拥有手机，其中 53.57% 的家庭拥有能够联网的手机；彩色电视机、电冰箱或冰柜、洗衣机保有量也非常高，分别为 82.14%、85.71% 和 67.86%；非贫困家庭还有很多贫困家庭所不具有的财产，如空调、电脑、固定电话，拥有这三样家电的非贫困家庭占比分别为 3.57%、10.71% 和 10.71%；在交通工具方面，非贫困家庭也有着显著优势，将近 40% 的家庭拥有摩托车/电动自行车（三轮车），7% 的家庭拥有轿车或者面包车。比较可知，非贫困家庭拥有的财产种类显

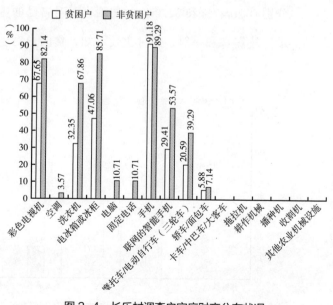

图 3-4　长乐村调查户家庭财产分布状况

著多于贫困家庭，在交通工具、洗衣机、电冰箱或冰柜和彩电、联网的智能手机这几项家庭财产上，贫困户中拥有这些资产的家庭比例明显低于非贫困家庭的比例，此外贫困家庭没有空调、电脑和固定电话这三样家用电器。

## 二　生活满意度和幸福感

### 1. 对现在生活状况满意程度

如图 3-5 所示，在调查样本中，非贫困户对生活状况满意程度较高，85.71% 的非贫困家庭对生活状况表示达到一般以上的态度，其中 71.43% 的非贫困户表示对生活状况比较满意，约 3.57% 的非贫困户表示对生活状况非常满意。贫困户中有 41.18% 的家庭表示对现有生活状况不太满意或很不满意，没有贫困户对自己的生活状况表示非常满意，分别有 26.47% 和 32.35% 的贫困家庭对自己的生活状况表示比较满意和一般。通过比较可知，贫困户对生活状态的

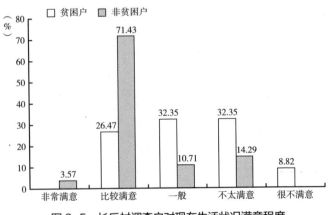

图 3-5　长乐村调查户对现在生活状况满意程度

满意程度比较低，需要因地制宜提高他们对生活状况的满意程度。

2. 与 5 年前比，生活状况变化

如图 3-6 所示，在调查样本中，大部分非贫困户生活状况逐步提升，只有 7.14% 的家庭表示与 5 年前相比生活水平变差一些，没有家庭表示变差很多，约有 57.14% 的家庭表示生活状况变好一些，有 25.00% 的家庭表示生活状况变好很多。贫困户家庭状况也是整体向好：73.53% 的贫困家庭表示自己的生活状况变好一些，分别只有 5.88% 和 11.76% 的家庭表示自己的生活状况变差一些和变差很多，没有贫困家庭认为自己的生活状况变好很多。就调查结果来看，长乐村大部分家庭生活状况与 5 年前相比总体得到比较大的改善，一方面是因为国家经济总体向好，另一方面与扶贫政策的落实也有着密不可分的关系。

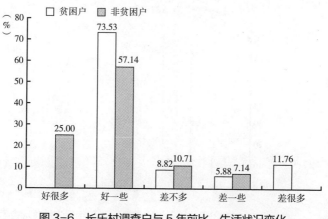

图 3-6　长乐村调查户与 5 年前比，生活状况变化

3. 觉得 5 年后生活状况会怎样

认为 5 年后生活状况会怎样，显示了受调查者对未来生活的预期。如图 3-7 所示，在调查样本中，非贫困家庭对于未来明显有着较为乐观的态度，71.43% 的非贫困家庭认为自己 5 年后的生活会好一些，14.29% 的家庭表示未来生活会好很多，另有 14.29% 左右的家庭表示未来 5 年生活状况不好说，但是没有家庭表示以后生活会差不多、差一些、差很多。贫困户整体而言对未来有着较好的预期，58.82% 的家庭表示未来 5 年生活状况会好一些，5.88% 的家庭表示未来 5 年生活状况会好很多，有 5.88% 和 29.41% 的家庭分别表示未来 5 年的生活状况差不多或是不好说，没有家庭表示未来 5 年生活状况会差一些和差很多。就此次调查结果来看，长乐村的村民对未来预期整体向好，相信未来 5 年生活状况会有较大的改观。

4. 与多数亲朋好友比，生活怎样

如图 3-8 所示，在调查样本中，因为中国崇尚谦虚

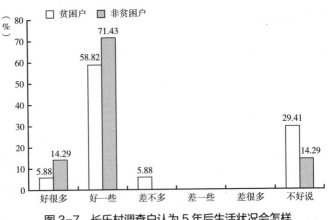

图 3-7　长乐村调查户认为 5 年后生活状况会怎样

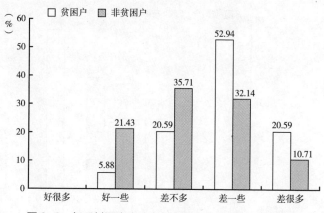

图 3-8　长乐村调查户认为与多数亲朋好友比，生活怎样

的美德，无论是贫困户还是非贫困户都没有认为自己的
生活与多数亲朋好友比好很多。贫困户中有 52.94% 的
家庭认为与多数亲朋好友相比生活状况差一些，21.43%
的家庭认为与多数亲朋好友相比生活状况差很多或者
差不多，只有 5.88% 的家庭认为与多数亲朋好友相比
生活状况变得好一些。非贫困户中有 35.71% 左右的
家庭认为与多数亲朋好友相比生活状况没有明显差别，
32.14% 的家庭认为与多数亲朋好友相比生活状况差一
些，20.59% 的家庭认为与多数亲朋好友相比生活状况好
一些，只有 10.71% 的家庭认为与多数亲朋好友相比生
活状况差很多。相比而言，贫困户认为生活状况与亲朋
好友相比差的比例明显高于非贫困户。

　　5. 与本村多数人比，生活怎样

　　如图 3-9 所示，在调查样本中，因为中国崇尚谦虚的
美德，无论是贫困户还是非贫困户都没有认为自己的生
活与本村多数人比好很多。贫困户中约有 55.88% 的家庭

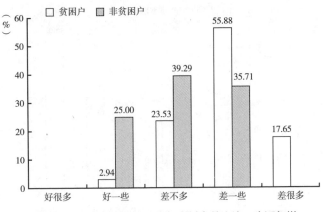

图 3-9　长乐村调查户认为与本村多数人比，生活怎样

认为与本村多数人比自己的生活状况差一些，23.53% 的家庭认为与本村多数人比自己的生活状况差不多，17.65% 左右的家庭认为与本村多数人比自己的生活状况差很多，只有 2.94% 的家庭认为与本村多数人比自己的生活状况好一些。非贫困户中有 39.29% 左右的家庭认为与本村多数人比自己的生活状况没有明显差别，35.71% 的家庭认为与本村多数人比自己的生活状况差一些，25.00% 的家庭认为与本村多数人比自己的生活状况好一些，没有家庭认为与本村多数人比自己的生活状况差很多。相比而言，更多非贫困户认为自己的生活状况比本村多数人要好一些，至少有 64.29% 的非贫困户认为自己的生活状况至少不比其他人差。

6. 对居住环境是否满意

长乐村大部分家庭对自己居住的环境还是比较满意的。如图 3-10 所示，在调查样本中，非贫困户中有 53.57% 左右的家庭对自己的居住环境比较满意，约 21.43% 的家庭对自己的居住环境表示一般，14.29% 的家庭对自己的居住

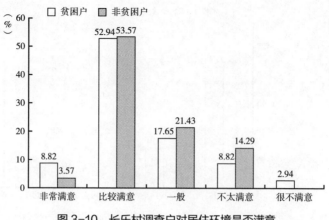

图 3-10　长乐村调查户对居住环境是否满意

环境不太满意，另有 3.57% 左右的家庭对自己的居住环境非常满意，没有家庭对自己的居住环境很不满意。贫困户中有 52.94% 左右的家庭对自己的居住环境比较满意，约 17.65% 的家庭对自己的居住环境表示一般，8.82% 左右的家庭对自己的居住环境不太满意，另有 8.82% 左右的家庭对自己的居住环境非常满意，只有 2.94% 的家庭对自己的居住环境很不满意。受益于长乐村良好的生态环境，村中居民对自己的生活居住环境表示满意，没有出现非贫困户占据村中良好的居住环境的状况。

7. 家庭周围存在的污染情况

长乐村的主要污染是垃圾污染，没有居民认为自己的生活受到了噪声污染。如图 3-11 所示，在调查样本中，贫困户中有 26.47% 左右的家庭认为家庭周围存在垃圾污染，21.43% 的非贫困户认为家庭周围存在垃圾污染。有 21.43% 的非贫困户认为家庭周围存在水污染，有 8.82% 的贫困户认为家庭周围存在水污染。贫困户中有 2.94% 左右的家庭认为

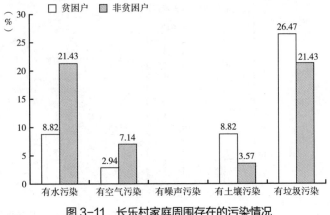

图 3-11　长乐村家庭周围存在的污染情况

家庭周围存在空气污染，7.14% 的非贫困家庭认为家庭周围存在空气污染。8.82% 左右的贫困户认为家庭周围存在土壤污染，有 3.57% 左右的非贫困户也认为家庭周围存在土壤污染。需要注意的是，46.43% 的非贫困户认为家庭周围没有污染，52.94% 以上的贫困户也对此观点表示认同。

## 第二节　贫困户和非贫困户居住情况

### 一　住房状况

1. 住房满意度

从图 3-12 来看，样本中的非贫困户对住房的满意程

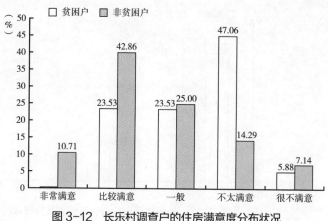

图3-12　长乐村调查户的住房满意度分布状况

度总体高于贫困户对住房的满意程度。从贫困户的角度来看，对住房为"非常满意""比较满意""一般""不太满意""很不满意"的比例大致依次为0、23.53%、23.53%、47.06%、5.88%；从非贫困户的角度来看，对住房为"非常满意""比较满意""一般""不太满意""很不满意"的比例大致依次为10.71%、42.86%、25.00%、14.29%、7.14%。确实，对于贫困户而言，非贫困户有更多的资金、精力来装修住房，因此非贫困户对住房的满意程度高于贫困户对住房的满意程度。更何况，住房满意度是一个主观性的指标，也许就同一处住房而言，非贫困户对其不满意，而贫困户却对其满意。因此，看"很不满意"这一指标，虽然非贫困户的比例略高于贫困户的比例，但究其上面提及的原因，也就不足为奇了。

2. 自有住房数

从自有住房数的角度来看，图3-13有点反常。从样本中贫困户的角度来看，近79.41%的贫困户拥有一处住房，剩余11.76%的贫困户拥有两处住房。从样本中非贫

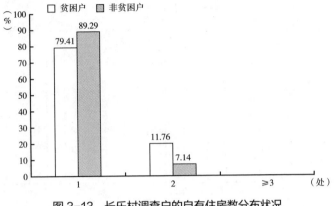

图 3-13　长乐村调查户的自有住房数分布状况

困户的角度来看，近 89.29% 的非贫困户拥有一处住房，7.14% 的贫困户拥有两处住房。在自有住房数为"2"的这一项上，贫困户的占比略高于非贫困户。按照常态来说，应该是越富有的人才会拥有更多处的住房。根据该村的具体情况，一个可能的原因是，政府帮助住在被认定为危房里的贫困户新建了住所，而危房没及时拆除，故而统计在内。

3. 住房类型

一般而言，建造楼房的家庭比建造平房的家庭更富足，从图 3-14 来看，也是符合这个逻辑的。从贫困户的角度来看，60% 左右的贫困户住在平房里，剩余 40% 的贫困户住在楼房里。从非贫困户的角度来看，20% 不到的非贫困户住在平房里，剩余 80% 的非贫困户住在楼房里。就样本总体而言，超过 70% 的非贫困户住在楼房里，而贫困户该比例不足 40%。因此，仅从住房类型这一指标来看，该村贫困户与非贫困户的差距较大。

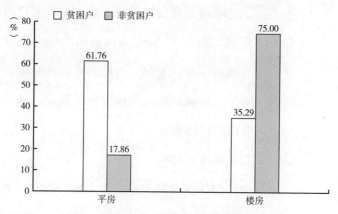

**图 3-14　长乐村调查户的住房类型分布状况**

注：非贫困户中有 1 人住房类型为土房，1 人问卷中没有填写。

### 4. 住房状况

从图 3-15 来看，非贫困户的住房状况优于贫困户的住房状况，且有相当一部分的贫困户住在危房里面。从非贫困户的样本统计来看，89.29% 的非贫困户的住房状况是状况一般或良好，有 7.14% 的非贫困户的住房状况是政府认定的危房。如此看来，也有极少部分的非贫困户住在危房里？但实则不然，可能这少部分的非贫困户是常年外出

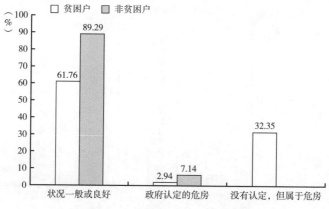

**图 3-15　长乐村调查户的住房状况分布情况**

打工的，老家的危房没有及时改建。而贫困户的住房状况是真不乐观，仍有32.35%多的贫困户住在危房里，而且该危房是政府没有认定的。由此看来，政府相关部门应及时采取措施，将该认定为危房的进行认定，并帮助住在危房里的贫困户构建新房。

5. 住房的建筑材料

从住房的建筑材料来看，草土坯、砖瓦砖木、砖混材料、钢筋混凝土的质量依次提升，建筑成本也依次提高。因此，从图3-16看来，非贫困户的住房建筑材料明显优于贫困户的住房建筑材料。从贫困户的角度来看，住房建筑材料为草土坯、砖瓦砖木、砖混材料、钢筋混凝土的比例依次大致为5.88%、41.18%、44.12%、8.82%，绝大部分贫困户的建筑材料是砖瓦砖木和砖混材料，但仍有少部分是草土坯。从非贫困户的角度来看，住房建筑材料为草土坯、砖瓦砖木、砖混材料、钢筋混凝土的比例依次大致为3.57%、14.29%、46.43%、35.71%，主要集中于砖混

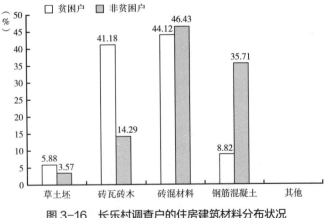

图3-16　长乐村调查户的住房建筑材料分布状况

材料和钢筋混凝土。在草土坯和砖混材料这两项上，贫困户与非贫困户的占比大致相同。贫困户与非贫困户占比区别较大的是砖瓦砖木和钢筋混泥土这两项指标，位于两者中间的砖混材料的占比反而差别不大。

## 二　基本生活条件

1. 有取暖设施、沐浴设施、互联网宽带设施的家庭数

从拥有取暖设施这一项来看，虽然贫困户群体的占比与非贫困户群体的占比差不多，但取暖质量不一定差不多。从拥有沐浴设施这一项来看，贫困户群体的占比与非贫困户群体的占比差距较为明显，非贫困户群体的占比高达60.71%，而贫困户群体的占比仅为23.53%。令人惊讶的是，贫困户群体的占比与非贫困户群体的占比在拥有互联网宽带设施方面的差距不是特别明显，拥有互联网宽带设施的贫困户群体占比为8.82%，而非贫困户群体的这一比例也仅为17.86%（见图3-17）。

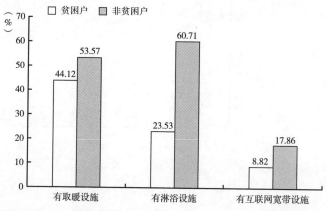

图3-17　长乐村调查户拥有取暖、沐浴、互联网宽带设施的占比

## 2. 调查户的主要饮用水源

从贫困户的角度来看，贫困户的主要饮用水源为经过净化处理的自来水、受保护的井水和泉水、不受保护的井水和泉水以及其他水源，大致比例依次为 85.29%、5.88%、5.88%、3.57%；非贫困户的主要饮用水源为经过净化处理的自来水、不受保护的井水和泉水、桶装水和其他水源，大致比例依次为 71.43%、21.43%、3.57%、3.57%。可见不论是非贫困户还是贫困户，主要饮用水源是经过净化处理的自来水，但占比 3.57% 的非贫困户多了桶装水这一主要饮用水源。此外，在图 3-18 中有一个不符合逻辑的地方，即整体来看，贫困户的饮用水源优于非贫困户的饮用水源。如在经过净化处理的自来水这一指标上，贫困户的占比高出非贫困户 10 多个百分点；在受保护的井水和泉水这一项上，仅有少部分的贫困户将其作为饮用水源；在不受保护的井水

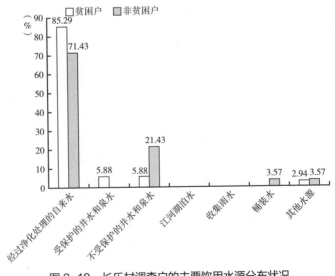

图 3-18　长乐村调查户的主要饮用水源分布状况

和泉水这一项上，非贫困户的占比高出贫困户10多个百分点。因此，综上来看，在主要饮用水源方面，贫困户的状况整体优于非贫困户。

3. 管道供水情况

从图3-19来看，贫困户与非贫困户的供水方式都主要是管道供水入户。从贫困户的角度来看，管道供水入户、管道供水至公共取水点、没有管道设施的占比大致依次为85.29%、5.88%、8.82%。从非贫困户的角度来看，管道供水入户、管道供水至公共取水点、没有管道设施的占比大致依次为75.00%、3.75%、21.43%。整体上来看，在管道供水服务方面，贫困户享受到的服务优于非贫困户。如在管道供水入户这一指标上，贫困户的占比高出非贫困户大约10个百分点；在没有管道设施这一项上，非贫困户的占比高出贫困户大约也是10个百分点。因此，综上所述，在管道供水方面，贫困户的整体状况明显优于非贫困户。此外，有8.82%的贫困户和21.43%的非

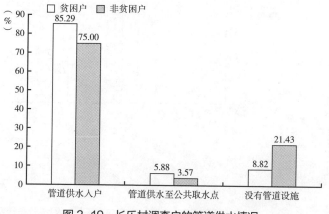

图3-19　长乐村调查户的管道供水情况

贫困户没有享受到管道设施服务，这是一个不容忽视的问题。

4. 有无饮水困难

从图3-20可以看出，不论是非贫困户群体还是贫困户群体，两者都存在一定的饮水困难，且饮水困难的程度大致相同，且饮水困难的主要原因都是间断或定时供水，其次是当年连续缺水时间超过15天。从贫困户的角度来看，单次取水往返时间超过半个小时、间断或定时供水、当年连续缺水时间超过15天、无上述困难的比重依次为2.94%、55.88%、11.76%、29.41%；从非贫困户的角度来看，间断或定时供水、当年连续缺水时间超过15天、无上述困难的比重依次为60.71%、17.86%、25.00%。

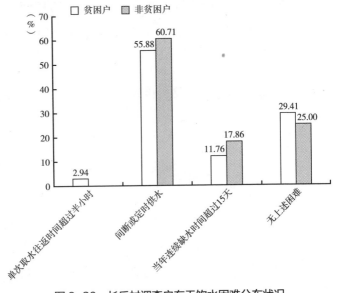

图3-20　长乐村调查户有无饮水困难分布状况

5.厕所类型

从图3-21来看，厕所类型分为传统旱厕、卫生厕所和没有厕所，且贫困户群体与非贫困户群体在这个方面的差距较为明显，但不论是贫困户群体还是非贫困户群体，在传统旱厕这一项所占的比重都较高。从传统旱厕的角度来看，贫困户的占比大约为73.53%，非贫困户的占比大约为50.00%，两者相差23个百分点，但所占比重都较高。在卫生厕所方面，仅有占比20.59%的贫困户群体拥有卫生厕所，非贫困户群体的占比也只有46.43%，占比都较低。此外，少部分的非贫困户与贫困户的住房里没有厕所。

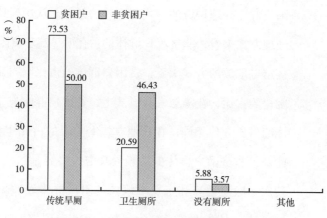

图3-21　长乐村调查户的厕所类型分布状况

6.生活垃圾处理

从图3-22来看，生活垃圾的处理方式从优到差依次为送到垃圾池等、定点堆放、随意丢弃和其他，贫困户群体四种方式的占比大致依次为17.65%、44.12%、29.41%、

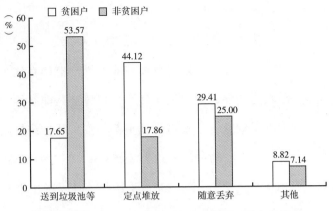

图 3-22　长乐村调查户的生活垃圾处理分布状况

8.82%，而非贫困户群体的占比大致依次为 53.57%、17.86%、25.00%、7.14%。由此可见，非贫困户群体与贫困户群体处理垃圾的方式有明显的差异。从送到垃圾池等的处理方式来看，非贫困户群体的占比明显高于贫困户的占比；从定点堆放的方式来看，贫困户群体的占比则明显高于非贫困户的占比；在随意丢弃方式上，贫困户群体与非贫困户群体的占比大致相同；在其他方式上两者的占比也大致相同。此外，非贫困户群体的垃圾处理方式主要是送到垃圾池等，其次是随意丢弃和定点堆放；贫困户群体处理垃圾的方式主要是定点堆放，其次是随意丢弃和送到垃圾池等。

7. 生活污水排放

从图 3-23 来看，不论是贫困户群体还是非贫困户群体，污水的排放方式都主要是随意排放，且占比都超过 50%。从贫困户群体的角度来看，污水排放方式为随意排放、院外沟渠、排到家里渗井、管道排放的比例大致依次为 61.76%、29.41%、2.94%、5.88%，随意排放是主要方式，

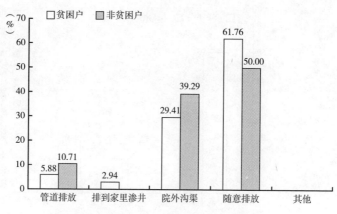

图3-23 长乐村调查户的生活污水排放分布状况

其次是排放到院外沟渠。从非贫困户群体的角度来看，污水排放方式为随意排放、院外沟渠、管道排放的比例大致依次为50.00%、39.29%、10.71%，其污水排放方式主要是随意排放和排放到院外沟渠。

在随意排放方面，贫困户占比比非贫困户高10个百分点左右；而在排放到院外沟渠和管道排放这两方面，非贫困户群体的占比都比贫困户群体高出约10个百分点左右。

8. 入户路类型

在入户路类型方面，贫困户群体的主要入户路类型是泥土路，非贫困户群体的入户路类型主要是水泥或柏油路。从泥土路这一项来看，贫困户群体的占比高达50.00%，而非贫困户群体的占比约为37.14%；从砂石路这一项来看，贫困户群体的占比与非贫困户群体的占比差不多，为21.43%左右；从水泥或柏油路这一项来看，非贫困户群体的占比较高，为46.43%，而贫困户群体的占比约29.41%（见图3-24）。

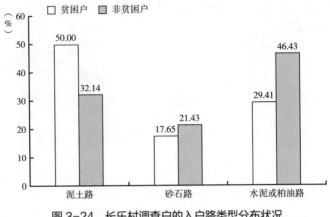

图3-24　长乐村调查户的入户路类型分布状况

## 第三节　当前主要致贫因素分析

### 一　致贫原因概述

#### 1.劳动力欠缺致贫型

劳动力欠缺导致家庭收入得不到保障从而致贫，尤其在纯老年家庭、隔代家庭等中表现得更为明显。在此次的问卷调查中，绝大部分的贫困户就是因为缺乏劳动力而致贫。相较于非贫困户群体，贫困家庭中的劳动力比例明显低于非贫困家庭中的劳动力比例。因此，就此次调查的群体而言，家庭中的劳动力比例较低是致贫的一个主要原因。

#### 2.因病、因残致贫型

一方面疾病、残疾的医疗开销大、经济负担重；另一方面疾病、残疾导致家庭劳动力丧失，从而致贫。从此次的调查对象来看，从因病致贫而言，常见疾病只是影响劳动力的部分劳动能力；而因残致贫比因病致贫的影响更严重一些。调查群体中涉及残疾的个人，绝大部分是因为残疾丧失了主要劳动能力。此外，该村的疾病、残疾的医疗报销比例较高；因此，对于此次的调查群体而言，因病、因残致贫的主要原因是影响了家中劳动力的劳动能力；而绝大部分患有残疾的劳动力是丧失了全部劳动能力，一部分残疾劳动力则是丧失了部分劳动能力，即残疾对于贫困户的影响比疾病对贫困户的影响更为严重。

### 3. 文化和劳动技能素质低致贫型

随着知识经济时代的到来，文化和劳动技能因素已成为影响农村经济发展和农民脱贫致富的主要因素。思想观念落后、缺文化、缺技能越来越成为农民脱贫致富的主要障碍。在此次调查中，发现一个需要警惕的现象，即调查对象对教育的不重视，甚至在隔代的调查对象中，教育水平有倒退现象。从问卷调查中可以发现，60岁左右的调查对象的受教育水平主要是初中、高中；而40岁左右的调查对象的受教育水平集中在初中，鲜少有高中，更有甚者仅是小学；20岁左右的调查对象的受教育水平与40岁左右的相近。由此可见，教育水平在该村的过去几十年里，不仅没有前进，反而倒退。也许是因为"高文凭"的60岁左右的老人依旧是贫困户，该村的人普遍认为"读书无用"。因此，这样的思想观念是一个值得警惕的现象，需要有所转变。

### 4. 市场风险致贫型

市场因素带来的经营亏损致贫。对于此次调查群体而言，绝大部分，甚至是全部家庭中的主要劳动力是外出打工，而工资一般波动较小。因此，市场风险致贫几乎与该村没有关系。

5. 自然灾害致贫型

地质结构复杂、气候变化等原因造成农业灾害而致贫。在此次调查中发现，该地区并没有什么明显的自然灾害，因此自然灾害型致贫与该村也没有多大关系。

6. 子女教育支出致贫型

如家庭中未成年子女数目相对较多，或教育支出过高，家庭经济收入无法负担从而致贫。在此次调查中发现，一般教育支出并没有对贫困家庭构成严重的负担，除非一个家庭中孩子个数比较多，如有六七个，但这是极其罕见的情况。该村青年一代的受教育水平主要集中在初中，子女教育支出致贫型与该村没有多大关系。

7. 生存环境致贫型

生存环境恶劣依然是当前农村致贫的主要因素。就此次调查来看，不论是贫困户还是非贫困户，该村的绝大部分劳动力主要是外出打工，该村的生存环境也不算恶劣。因此，生存环境致贫型与该村也没有多大关系。

8. 工程影响致贫型

如因工程建设失地致贫。就此次调查来看，工程影响致贫型与该村没有关系。

## 二　长乐村贫困户最主要致贫原因的调查分析

图 3-25 表示长乐村贫困户最主要致贫原因的分布状

况。从图中可以看出，贫困户的最主要致贫原因有八个方面，分别为生病、残疾、缺土地、缺水、缺劳力、缺资金、自身发展动力不足和因婚。其中，生病是最主要的致贫原因，在样本中占比为64.71%，远远高于其他致贫原因；劳动力缺乏是第二大致贫原因，在样本中占比为14.71%；残疾致贫和自身发展动力不足致贫分列其后；缺土地、缺水、缺资金和因婚致贫，在样本中占比均为2.94%。由此可见，疾病是导致长乐村家庭贫困的最主要原因。

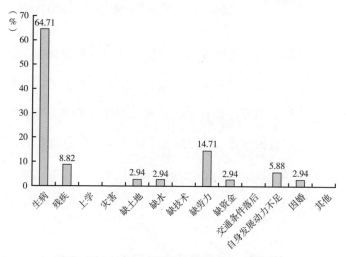

图3-25　长乐村受访贫困户的最主要致贫原因

## 三　长乐村贫困户其他致贫原因的调查分析

除长乐村贫困户的最主要致贫原因外，课题组还调查分析了其他致贫原因，结果如图3-26所示。从图中可以看出，生病和缺劳力仍然是主要的致贫原因，分列第一、第二位，在样本中占比均超过25%；缺资金、残疾、上

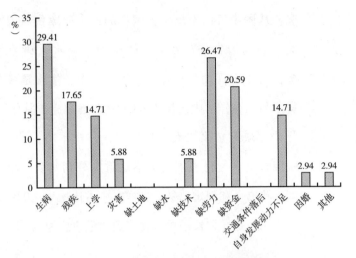

图 3-26　长乐村受访贫困户的其他致贫原因

学、自身发展动力不足这些致贫原因紧随其后，在样本中占比为 14.71%～20.59%；而灾害、缺技术、因婚和其他致贫原因等占比较小，只有 2.94%～5.88%。由此可见，长乐村贫困户的致贫原因主要在于疾病和劳动力的缺乏。

## 第四节　贫困户及非贫困户对扶贫措施及效果的评价

### 一　2017 年初脱贫家庭户数

图 3-27 表示 2017 年初长乐村贫困户脱贫户数状况。从该图中可以看出，已脱贫家庭户数较少，在样本中仅占

5.88%；绝大部分的贫困户仍未脱贫。"脱贫攻坚"是新时代党中央提出的全面建成小康社会新任务，目标是到 2020 年实现全面脱贫。图 2-27 的样本数据表明，脱贫任务仍然十分艰巨。

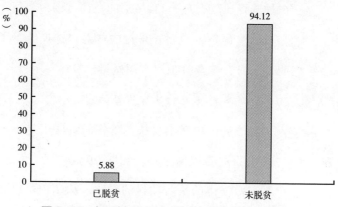

图 3-27　长乐村 2017 年初受访贫困户的脱贫状况

## 二　对总体扶贫工作的评价

### 1. 对本村贫困户选择的看法

图 3-28 反映了长乐村受访贫困户对本村贫困户选择

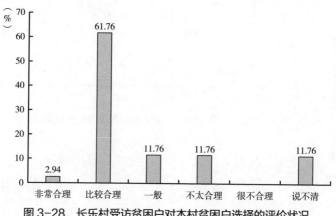

图 3-28　长乐村受访贫困户对本村贫困户选择的评价状况

的评价情况，是长乐村脱贫工作效果的重要判定依据之一。从该图中可以看出，2.94%的受访贫困户表示本村贫困户的选择非常合理，61.76%的受访贫困户认为本村贫困户的选择比较合理，11.76%的受访贫困户表示一般。超过半数的受访贫困户对长乐村的贫困户选择给予了肯定，说明长乐村在选择贫困户方面做得较好。

2. 对本村安排的扶贫项目的看法

受访贫困户对本村扶贫工作的看法也是评价长乐村脱贫工作的重要依据之一。图3-29反映了长乐村受访贫困户对本村安排的扶贫项目的看法。从图中可以看出，认为扶贫项目安排比较合理的受访贫困户占比70.59%，远远超过了占比8.82%的不太合理的评价。说明从整体上看，长乐村在扶贫项目的安排方面值得肯定。

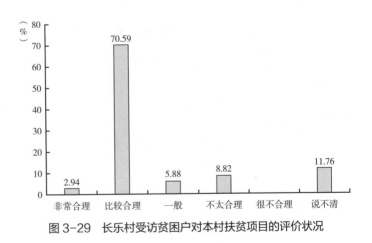

图3-29　长乐村受访贫困户对本村扶贫项目的评价状况

3. 对本村到目前为止扶贫效果的看法

图3-30表示到目前为止受访贫困户对长乐村扶贫效果的评价。从该图中可以看出，认为扶贫效果非常好的受

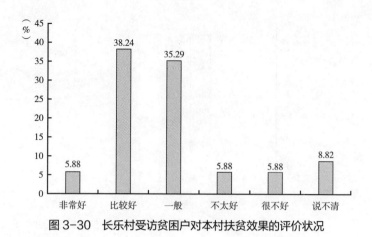

图 3-30    长乐村受访贫困户对本村扶贫效果的评价状况

访贫困户在样本中占比 5.88%，认为扶贫效果比较好的占比 38.24%，认为扶贫效果一般的占比 35.29%。与前两项评价进行比较，说明到目前为止长乐村扶贫工作的效果并没有取得较高的评价，处于中等偏好水平，表明长乐村的扶贫工作仍然有不足之处和进步的空间。

## 三    对本户所获扶贫帮助的评价

### 1.为本户安排的扶贫措施是否适合

图 3-31 表示长乐村受访贫困户对为其安排的扶贫措施是否适合的评价。可以看出，认为非常适合的占 2.94%；认为扶贫措施比较适合自己的在样本中占 55.88%，超过半数；占比 23.53% 的受访贫困户表示村里安排的扶贫措施一般；且有占比 8.82% 的人表示说不清。以上数据表明，长乐村针对每个贫困户安排的扶贫措施在整体上是切合贫困户自身利益和需要的，但仍有调整的空间。

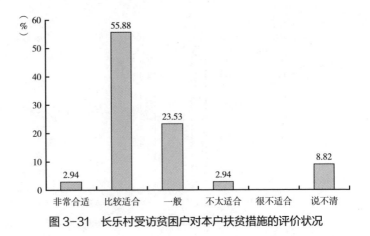

图 3-31 长乐村受访贫困户对本户扶贫措施的评价状况

2. 本户到目前为止的扶贫效果如何

图 3-32 表示长乐村的受访贫困户对本户扶贫效果的评价。从图中可以看出，在受访贫困户中觉得扶贫效果一般的占比最高，约为 41%，接近半数；觉得扶贫效果非常好的占 14.71%，觉得效果比较好的占 23.53%，即对扶贫效果觉得满意的受访贫困户占比之和为 38.24%；而觉得扶贫效果不太好的仅占 5.88%。说明从整体上看受访贫困户对本户的扶贫效果持中等偏好的评价，但仍有改

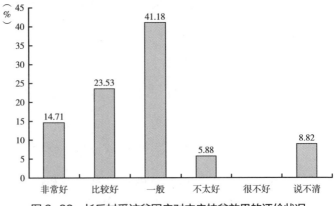

图 3-32 长乐村受访贫困户对本户扶贫效果的评价状况

进的空间。

3.2015 年以来得到的帮扶措施

图 3-33 表示自 2015 年以来，长乐村贫困户得到的帮扶措施的情况。从图中可以看出，长乐村得到的最多的帮扶措施为公共服务和社会事业，即教育、医疗、低保方面的补贴等，占比为 79.41%；发展生产方面的帮扶次之，占比为 20.59%，且根据更加具体的数据，发展生产的帮扶多集中在种植业、养殖业的产业化带动和技术支持方面；基础设施建设也是重要的帮扶措施之一，在样本中占11.76%，且基础设施建设内容多样，如电入户、自来水入户、入户路、基本农田建设改造、蓄水池（窖）、危房改造、设施农业大棚、畜牧圈舍等，极大地改善了贫困户的生活条件和农业经营条件；技能培训和小额信贷也是帮扶措施必不可少的一部分，占比均为 5.88%，分别为贫困户的发展提供了技术支持和资金支持。

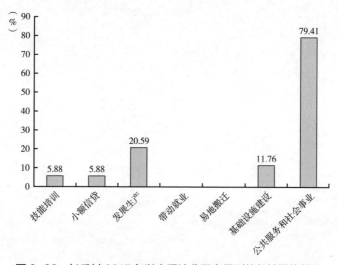

图 3-33　长乐村 2015 年以来受访贫困户得到的帮扶措施状况

第四章

长乐村扶贫脱贫调研的启示与思考

## 第一节　调动贫困村干部、群众参与脱贫攻坚战的积极性

### 一　加强贫困村组织建设，提升脱贫工作的组织执行能力

　　贫困村的组织建设首先要解决好贫困村村级领导班子的建设问题，村干部选拔应该重点考虑该村的致富能手、有一定技术和经营才能的复员转业军人、外出返乡大学生和农民工。在此基础上，还需要采取一系列激励措施，充分发挥这些人的聪明才智，提高村领导班子带领群众发展经济、脱贫致富的本领。要通过财政转移支付、党费补助、对口援

助等多种途径，解决村级组织建设、党员干部经济待遇改善以及教育、培训的资金问题，调动贫困村干部的工作积极性。

（一）抓好贫困村党建工作，建立常态化的村干部教育、培训和指导机制

一方面，要抓好贫困村党建工作，健全落实村党支部的各项制度，包括党内民主生活制度、党的"三会一课"制度和党员学习制度，并把制度落到实处，认真开展"两学一做"活动，加强村干部的理想信念和宗旨教育，提高村干部的思想觉悟，增强村干部的责任心和自觉性。必须使村干部意识到自己是党在农村基层的骨干力量，应当发挥先锋模范作用，不能把自己当作普通群众看待，更不能成为落后分子。作为党的干部，就要牢记我党"为人民服务"的根本宗旨，要树立公仆意识、服务意识、奉献意识，尽职尽责，为大多数群众谋利益，带领群众发家致富。

同时，可以通过党员大会、村支委讨论会等形式，村干部、村民组长、党员和村民代表参加会议，让大家从工作实绩、政治素质、工作能力和工作作风等多方面讨论和评价村干部存在的问题、取得的成绩以及确定的发展思路是否对头等，并及时通过组织途径将反映出来的问题反馈给村干部，以使他们在以后的工作中发扬优点、克服不足，并找出自身问题产生的原因和解决的办法。

另一方面，要通过强化教育、培训和指导，提高村干部的个人素质和带领群众脱贫致富的工作能力，帮助他们找出工作中存在的问题，理清工作思路。一是上级党委政府部门可选派优秀干部对口帮助贫困村干部，向他们传授经验，提供咨询，在指导和帮扶村干部解决实际问题的过程中，培养和提高村干部的工作能力。二是定期组织村干部集中培训，有针对性地提高村干部各方面的素质。例如，可以邀请相关专家为村干部讲解国家、省、市各级政府的"三农"政策和相关优惠措施，介绍相关市场的行情和走势，帮助村干部明确本村发展思路，把握工作重点，制定和实施相应的措施。还可以不定期地组织村干部到脱贫致富模范村及其他示范基地参观，为他们开阔视野，打开工作思路。

### （二）完善贫困村干部工作绩效考核及奖惩机制

完善的干部绩效考核及奖惩机制是稳定和优化当前村干部队伍的必要条件，也是激发村干部工作热情、提高村干部工作积极性的有效手段。一是强化村干部责任考核制度，加强村干部规范化管理。实施村组干部任期目标责任制和年度目标责任制考核。各干部必须按照各自的分工，拿出责任书，明确自己任期内及各年度的目标和责任，并自觉接受上级领导和广大群众的监督。上级党委政府应根据目标责任考核的结果，严格兑现奖惩。

二是完善村干部经济待遇激励机制。上级党委政府可以尝试将村干部的工资分为基本工资（补贴）和奖励工资两大块，奖励工资按村干部的工作完成情况和工作实绩考评档次发放。奖励工资的数额应与当地的经济发展水平和农民增收状况挂钩，按工作难度和贡献大小，由村民代表会议评定。上级党委政府还可以每年安排一定数额的奖励基金，对脱贫攻坚工作进展快、成效显著的村，实行一次性奖励，奖励在职村干部。同时，还应根据村干部任期的长短，落实养老保险制度，解决他们的后顾之忧。

三是完善村干部政治待遇激励机制。上级组织部门应关心村干部在政治上的进步，要加快干部制度改革步伐，打破身份界限，加大从村干部中公开选拔公务员、事业单位工作人员和乡镇班子成员的力度，把工作能力突出、文化素质好、工作热情高、优秀的村干部提拔到乡镇领导岗位上来。同时，要旗帜鲜明地保护敢于坚持原则的村干部，严厉打击破坏生产和报复村干部行为。要关心村干部的家庭生活，力所能及地为村组干部排忧解难，让他们时刻体会到党组织的关心和温暖，全身心投入工作。

## 二 调动贫困群众主动参与脱贫攻坚的积极性

"扶贫先要扶志"，如何调动贫困村和贫困户的生产积极性是当前脱贫攻坚工作的重要努力方向。作为我国"十三五"时期推进脱贫攻坚工作的行动纲领，2016年11月23日国务院发布的《"十三五"脱贫攻坚规划》也将激发群众内生动力活力作为重要原则之一，即坚持群众主体地位，保障贫困人口平等参与、平等发展权利，充分调动贫困地区广大干部群众的积极性、主动性、创造性，发扬自强自立精神，依靠自身努力改变贫困落后面貌，实现光荣脱贫。同时，《"十三五"脱贫攻坚规划》突出强调了构建贫困群众参与机制的重要性，即充分发挥贫困村党员干部的引领作用和致富带头人的示范作用，大力弘扬自力更生、艰苦奋斗精神，激发贫困人口脱贫奔小康的积极性、主动性、创造性，引导其光荣脱贫。加强责任意识、法治意识和市场意识培育，提高贫困人口参与市场竞争的自觉意识和能力，推动扶贫开发模式由"输血"向"造血"转变。建立健全贫困人口利益与需求表达机制，充分尊重群众意见，切实回应群众需求。完善村民自治制度，建立健全贫困人口参与脱贫攻坚的组织保障机制。不过，贫困村和贫困户的"等、靠、要"思想比较突出的问题仍普遍存在，加之贫困家庭成员的素质普遍较低，因而调动贫困群众参与脱贫攻坚积极性仍面临严峻挑战。

在过去几年，长乐村扶贫工作组已经初步摸索出一套通过合作社激励贫困户积极参与脱贫的模式。工作组还将继续探索贫困户参与产业合作社新模式，及时整改现有两个合作社经营模式，完善利益联结制度，引导贫困户参与合作社经营，提高贫困户参与规模化生产意识，提高群众参与脱贫攻坚的组织化程度，强化贫困户主体意识，避免大包大揽。进一步，从长乐村扶贫工作组取得的上述成功经验中，我们还可以提炼出如下政策启示。

## （一）转变政府职能，强化政府的服务功能

影响贫困群众参与脱贫积极性的一个重要原因，就是在以往的扶贫工作中，政府部门大包大揽，将自身定位为管理指挥者，而忽视了贫困群众的主体地位，没有充分调动贫困群众的积极性。今后，政府部门在扶贫工作中应当明确贫困群众的主体地位，注意转变自己的角色和职能，将自己由"家长式"管理者转变为贫困群众脱贫的服务者和辅助者，努力提高自己的服务意识和服务能力。政府部门应为贫困群众做好政策咨询、规划设计、信息咨询、技术技能咨询和培训、财务咨询、审计监督、法律援助等系列服务，帮助贫困群众克服文化知识、生产技能、管理水平等方面的不足，让他们真正参与实施扶贫项目的整个过程，从而培养和提高贫困群众自我建设、自我管理、自我发展的能力，加快贫困群众自主脱贫的步伐。

## （二）在扶贫项目立项过程中适度引入竞争机制

在扶贫项目立项过程中引入竞争机制，有利于调动贫困群众的内在积极性，激励他们为实施好扶贫项目而出谋划策，激发他们脱贫致富的斗志。在具体操作过程中，可由上级党委政府（如乡镇党委政府）拟定公平的竞选方案、成立竞选工作组和竞选评审组并将扶贫项目立项申报通知到各贫困村。各贫困村则应由村委会组织贫困群众参与设计立项申报方案。最后由上级党委政府通过公开、公

平、公正的方式确定予以资助的扶贫项目。适度引入竞争机制，使贫困群众尽早介入扶贫项目中，有助于贫困群众体会到扶贫项目的来之不易，提高他们对扶贫项目的认同感和珍视程度，并促使他们自觉自愿地为扶贫项目的实施贡献自己的力量。

### （三）着力提升贫困群众自我发展能力

一是树立脱贫致富典型，激励贫困群众的自我发展意愿。可以着力扶持一批肯想肯干的贫困户，树立脱贫致富的典型和榜样，发挥其示范带头作用。通过分析脱贫致富榜样成功的原因，对比发展的基础，明确奋斗的目标，充分激发更多贫困群众脱贫致富的内心愿望。二是注重引导贫困群众参与扶贫项目全过程，调动他们对项目的"主人翁"意识。在项目准备阶段，应当让贫困群众充分参与讨论影响本村脱贫致富的主要问题，针对问题规划设计扶贫项目。在项目实施阶段可鼓励贫困群众自愿选择以出资或出工的方式参与建设，及时向贫困群众通报项目进展状况，并随时接受群众监督。在项目验收阶段也要充分听取群众意见，可由群众推选代表参与项目验收评审。三是有针对性地实施贫困群众自我发展能力培训项目。要充分了解贫困群众的个人创业就业意愿和技能提升需求，从知名企业、科研机构、行业协会选聘培训教师，免费开展理发、烹饪、缝纫、电工、焊工、车工、保安等技能培训，提高贫困群众自主择业就业能力。

## 三　完善贫困村驻村干部激励机制

同样，对贫困村驻村干部也应加强激励，从而激发他们的工作热情和潜力。一是驻村干部派出单位应设立驻村帮扶专项资金，加强对驻村工作的经济激励和支持，对工作出色的驻村干部予以奖励。由于驻村干部长期驻村工作，不能及时照顾家庭，因此派出单位要多关心驻村干部生活，帮助其解决家庭生活困难，从而解决驻村干部的后顾之忧。

二是将贫困村对口帮扶工作纳入所在单位二级部门考核内容。①把驻村作为干部培养的重要途径，明确工作出色的驻村同志在干部提拔、职称评定等方面的优先权。以此激励干部进村联系了解情况、献计出力、办好事，取得良好成效。真正让有实效、肯干事、干成事的驻村干部脱颖而出。②明确驻村帮扶领导协调机构，建立驻村帮扶规章制度，严格驻村帮扶纪律，加强对驻村干部的组织工作纪律检查和监督力度，加强对驻村帮扶工作的指导监督，采取日常催办、集中检查等形式，对帮扶工作进行经常性的督促检查和指导，确保帮扶工作取得实实在在的效果。对一些长期不入村、浮在表面、出工不出力的驻村干部要适时予以批评教育，促其提高思想认识水平，及时敦促其到点开展工作。

三是加强对驻村干部的教育、培训，提高驻村干部的扶贫工作能力。首先要提高驻村干部深刻领会和把握国家和省、市各级政府的各项方针政策和惠民政策的能力，并通过多种形式向所驻村组的干部群众进行宣传。其次要着力提高驻村干部帮助指导贫困户发展种养殖业及其他特色产业，参与领导党员精准扶贫示范工程项目，促进贫困群众稳定增收的能力。驻村干部应尽快熟悉和掌握所驻村的经济和社会发展基本情况，根据贫困村土地、资源、劳力、资金、市场等各方面的特点，制定可操作、惠民、管长远的发展规划，有针对性地引入资金、项目和社会力量参与到所驻村的经济社会发展和脱贫攻坚工作中来。总之，应通过教育培训，使驻村干部具备贫困村发展规划的指导员、国家政策法规的宣传员、群众致富的参谋员、矛盾纠纷的调解员、农产品的推销员等多方面的能力。

## 第二节　积极探索扶贫新思路

### 一　大力发展贫困村集体经济

大力发展贫困村集体经济不仅是深化农村改革、巩固党在农村执政基础的重要途径，也是引导贫困群众脱贫致富，激发贫困村干部工作热情的有效措施。[①] 当前贫困村

---

① 张慧鹏：《集体经济与精准扶贫：兼论塘约道路的启示》，《马克思主义研究》2017 年第 6 期。

集体经济发展所面临的主要问题包括原始积累不足、资金来源渠道单一、村级基础设施发展滞后、劳动力素质不高、技术人才缺乏等。

### （一）结合产业扶贫发展贫困村集体经济

由于贫困村自身发展集体经济的基础十分薄弱，因此结合产业扶贫项目来发展集体经济是当前最可行的方式之一，即把产业扶贫项目作为集体经济的基础，在做活、做强产业扶贫项目的同时逐渐发展壮大村集体经济。这样可以充分利用上级党委政府部门为产业扶贫项目配套的资金、技术及其他优惠政策。上级党委政府部门在鼓励贫困村通过扶贫项目发展集体经济的同时，也要统筹好扶贫产业规划和布局，防范各村盲目发展、遍地开花可能带来的农业产业资源浪费和产能过剩，加强县级层面的规划和协调，充分发挥地区资源优势和特色，紧跟市场，促进扶贫产业规模化、有序发展，最大限度地防范产业扶贫的市场风险。

### （二）大胆探索集体经济发展新模式，选准发展路径

贫困村发展集体经济应当从自身实际出发，因地制宜、挖掘潜力，发扬艰苦奋斗精神，探索符合本村产业、产品、资源、环境、区位等一系列比较优势的新模式、新路子。在集体经济发展模式上，可以采用以家庭承包经营为基础、统分结合的双层经营体制；可积极发展股份合作制经济，把各种要素和资源优势结合起来；可鼓励村级组

织以村委会为主体兴办各类新型合作经济组织，将村集体与基层农技组织、基层供销社、农业龙头企业、专业大户等有机结合起来。同时，可以通过旅游产业或农业产业带动、自建或招商兴办特色实体企业、自主开发或招商开发本地各种优势资源、土地流转（土地租赁、折价入股）等多种途径发展集体经济。

### （三）建立和完善集体经济发展长效机制

贫困村集体经济的健康和可持续发展离不开有效的机制保障。一是要加强村级集体经济资产的管理，通过完善和强化集体经济的财务管理和民主监督机制，防止集体资产流失和铺张浪费，实现集体经济资产的保值增值。二是加强对农村集体经济的法制保护，防止任何组织或个人侵犯集体经济组织的合法权益。三是协调好增加贫困群众收入和壮大集体经济之间的关系。一方面发展集体经济的出发点是增加贫困群众的收入，另一方面也要通过建立相关机制激励群众自觉参与和支持集体经济发展。

## 二　积极探索扶贫兜底新路径

社会保障是解决贫困问题的"兜底"措施，也是一项系统工程。[1] 所谓保障兜底就是对无法通过产业扶持和就业等其他措施帮助实现脱贫的家庭，最后必须由政府部门

---

[1]　公丕明、公丕宏：《精准扶贫脱贫攻坚中社会保障兜底扶贫研究》，《云南民族大学学报》（哲学社会科学版）2017年第11期。

通过社会保障系统保障其基本生活，从而为脱贫攻坚工作兜底。《"十三五"脱贫攻坚规划》要求各级政府统筹社会救助体系，促进扶贫开发与社会保障有效衔接，完善农村低保、特困人员救助供养等社会救助制度，健全农村"三留守"人员和残疾人关爱服务体系，实现社会保障兜底。总的来说，当前我国扶贫保障兜底的压力大，在政府财政资金范围外，还应积极探索扶贫兜底新路径，从而缓解扶贫兜底压力。

## （一）设立扶贫兜底专项基金

各级政府可以考虑以财政专门拨付为主，同时从民政等其他政府部门、红十字会等社会组织及企事业单位多方筹集资金，成立扶贫兜底专项基金。除直接保障特困群众基本生活外，政府部门可以通过精心规划、选择，使用扶贫兜底专项基金重点扶持贫困村有市场前景的经济实体和经营项目，同时规定这些经济实体或项目所得收益的一定比例用于补贴本村需要扶贫兜底的特困群众。也可用于为特困群众购买相应的商业保险。

## （二）逐步将商业保险纳入扶贫兜底

近年来，我国商业保险发展迅速，已经成为社会保障体系的重要部分。扶贫兜底的目的在于提高特困群众的生活品质和抵御各种意外风险的能力。因此，可以考虑将扶贫兜底与商业保险相结合，为扶贫兜底开辟新路径。相关政府部门可以与中国人寿、太平洋保险等商业保险公司合作，针对特困群众致贫原因推出重大疾病及意外伤害保险、特色扶贫农业保险、小额人身保险等相关险种。同时政府部门可聘请第三方评估机构入户评估，确定帮扶对象，掌握特困群众致困原因、困难程度、帮扶需求，按照一户一档的原则整理存档，并统筹资金为特困群众家庭投保。这样，政府部门可仅投入"小资金"，把部分扶贫兜底责任转由商业保险公司分担，既放大了政府财政资金效应，又可依托保险公司专业的服务队伍和完整的理赔机制实施精准扶贫兜底。[①]

### （三）盘活特困群众的土地经营权

各级政府部门应创造条件，使特困群众能够以自己的土地经营权折价入股或租赁的方式参与村集体经济、家庭农场、农业企业及其他新型农业经营体，从而获取相应的盈利和分红。这种方式既盘活了特困群众的土地经营权，优化了农村资源配置，又为扶贫兜底开辟了新途径。

### 三 理顺扶贫体制机制，提升扶贫合力

当前党中央、国务院以及各级党委政府构建了一系列脱贫攻坚的体制机制，出台了许多有力的政策措施，但由于不同的政府部门通常只负责制定或执行某项或几项政策，部门之间有时缺乏沟通协作，政策之间也可能存在冲突或缺乏协调性，从而对国家脱贫攻坚战略的实施造成了

---

① 付晓光：《健康扶贫兜底医疗保障的主要模式及思考》，《中国农村卫生事业管理》2017 年第 10 期。

一定影响。因此，理顺扶贫体制机制，提升扶贫合力也是当前亟待解决的问题。[①]

## （一）深入落实建档立卡贫困人口动态调整

细化贫困户认定标准，特别是要明确贫困户认定的基本条件和排除条件，避免拆户并户、迁入迁出等带来的识贫不准等问题；要建立行业贫困户信息共享机制，确保户籍、房产、金融等信息在识贫时能共享共用；要建立实时贫困人口动态调整机制，将建档立卡登记权限下放到村、贫困户审批权限下放到乡镇，确保贫困档案能适时修正。

## （二）促进扶贫政策衔接配套

积极推进扶贫与民政政策统一衔接，在享受社会兜底福利、社会救助、社会救济等方面统一对象认定标准，促进扶贫与低保"两线合一"，探索一般兜底、扶贫兜底等分类分级低保制度，推进现有低保存量清理，提高精准度和有效性。

## （三）把扶贫资金和项目管理使用主动权下放到镇

建立县级资金限时下拨机制，县级有关部门在省资金下达后按乡镇（村）项目申报限时下达计划到乡镇（村），提高资金计划下达速度；下放资金配置调剂权，在总量控制情况下，村向乡镇报批后可以根据扶贫实际调整资金使

---

① 檀学文：《完善现行精准扶贫体制机制研究》，《中国农业大学学报》（社会科学版）2017年第10期。

用计划；下放项目验收权限到镇，县级规范项目验收资料程序，建立扶贫项目验收资料清单，提高项目验收效率和资金报账效率。

### （四）加强对扶贫资金使用的服务

加强对扶贫项目在项目立项、资金报账等环节上的服务指导，提高扶贫项目招投标门槛线，统一扶贫项目评审单价标准，减免扶贫项目税费，放宽筹工筹劳、结对帮扶等方面扶贫资金报账条件，减少投资评审、项目可研等前期程序，降低扶贫项目实施成本，提高扶贫资金运行效率。

### （五）整体推进贫困村基础设施建设

建议县级统筹协调，整合有关资金，统筹组织实施饮水和电力两个贫困村最为薄弱的基础设施项目，重点解决好贫困村饮水安全和电网落后的突出问题。

## 第三节　大力实施脱贫攻坚工作，实现共享发展

### 一　共享发展与共同富裕是社会主义的本质要求

共享发展与脱贫扶贫有着深厚的理论基础与现实意义。

第一，贫穷不是社会主义，中国在发展中脱贫。改革开放之前，虽然新中国取得了巨大的发展成就，但人民的生活水平依然普遍较低。改革开放以来，中国将工作重心转移到经济发展上来，确立了"发展是硬道理"，1992年初，邓小平在"南方谈话"中提出："社会主义的本质，是解放生产力，发展生产力"。经过经济持续发展，中国GDP先后超过了英、法、德和日本，仅次于美国，人均GDP达到7925美元，逐步缩小了与发达国家的差距，接近世界平均水平。

第二，中国改革开放走了一条不平衡发展之路，贫富差距逐渐增大。改革开放总设计师邓小平1985年10月23日会见美国时代公司组织的美国高级企业家代表团时说：一部分地区、一部分人可以先富起来，带动和帮助其他地区、其他的人，逐步达到共同富裕。这种不平衡的发展模式，致使我国城乡之间、区域之间和个人之间的差距越来越大。东部和中西部之间的差距不仅没有减小，反而逐步增大；即使在一个省内，发达地区和欠发达地区之间也有明显的差距。2016年，中国基尼系数为0.465[1]，虽然有所下降，但依然超过了0.4的国际贫富差距警戒线。

第三，社会主义的本质是共同富裕。中国不平衡发展的最终目的，是先富带动后富，实现共同富裕。早在1985年邓小平就指出："社会主义的目的就是要全国人民共同富

---

[1]　http://www.chinanews.com/cj/2017/01–20/8130559.shtml。

裕，不是两极分化。如果我们的政策导致两极分化，我们就失败了；如果产生了什么新的资产阶级，那我们就真是走了邪路了。我们提倡一部分地区先富裕起来，是为了激励和带动其他地区也富裕起来，并且使先富裕起来的地区帮助落后的地区更好地发展。"邓小平在"南方谈话"中指出，社会主义的本质不仅是解放生产力。

第四，共享发展与共同富裕高度契合。党的十八届五中全会强调坚持共享发展理念，为实现共同富裕提供了思想保障、精神动力和智力支持。其一，共享发展理念与共同富裕的价值取向高度契合，都是让发展成果更多更公平地惠及全体人民；其二，共享发展理念与共同富裕的基本原则是一致的，即在不断发展的基础上促进社会公平正义；其三，共享发展理念为实现共同富裕提供了方法路径，即通过更有效的制度安排，增加公共服务供给，实施脱贫攻坚工程，提高教育质量，促进就业创业，缩小收入差距、建立更加公平、更可持续的社会保障制度，推进社会主义建设和促进人口均衡发展。[1]

## 二　脱贫扶贫是共享发展的重要内容

每个社会都有弱势群体。对待弱势群体的态度，彰显出一个国家的文明程度。改革开放之前，中国的贫穷主要来自制度性约束。改革开放以来，制度性约束逐渐取消，

---

[1] 蒋永穆、张晓磊：《共享发展与全面建成小康社会》，《思想理论教育导刊》2016年第3期。

每个人似乎都面临着相同的发展机会。然而可以看到，起点不公平的现象也相当普遍，比如城乡之间、区域之间乃至家庭之间都存在显著的差距。地理位置偏僻的老少边穷地区，气候干旱、土地贫瘠的西部地区，家庭条件不好输在起跑线上的儿童以及残疾人士，等等，这些都是扶贫脱贫的重点地区和人群。由于城镇居民保障水平较高，我国的扶贫脱贫对象主要是农村居民。

中国政府非常重视对弱势群体的救济。从20世纪80年代中期开始，政府就在全国范围内开展了有计划有组织的大规模扶贫，先后实施了《国家八七扶贫攻坚计划（1994—2000）》《中国农村扶贫开发纲要（2001—2010）》《中国农村扶贫开发纲要（2011—2020）》等中长期扶贫规划。[1] 中国一直是以发展的名义、发展的方式解决贫困问题，将扶贫寓于发展之中，在发展中解决贫困问题，这是中国扶贫开发的一个主要做法。[2]

习近平总书记指出："我们不能一边宣布全面建成了小康社会，另一边还有几千万人口的生活水平处在扶贫标准线以下，这既影响人民群众对全面建成小康社会的满意度，也影响国际社会对我国全面建成小康社会的认可度。"他在首个扶贫日的讲话指出，"消除贫困，改善民生，逐步实现全体人民共同富裕，是社会主义的本质要求"。共享发展就是中国全面建成小康社会的重要体现，而脱贫扶贫则是

---

[1] 李培林、魏后凯主编《中国扶贫开发报告（2016）》，社会科学文献出版社，2016。

[2] 李培林、魏后凯主编《中国扶贫开发报告（2016）》，社会科学文献出版社，2016。

共享发展的重要内容，应当以共享发展的理念引领脱贫攻坚战。①

## 三 要贯彻落实党中央对扶贫脱贫工作的新要求

党的十八大以来，党中央已经把贫困人口脱贫作为全面建成小康社会的底线任务和标志性指标。在总结以往扶贫工作经验和教训的基础上，以习近平同志为核心的党中央将精准扶贫作为我国扶贫事业的新要求，精准扶贫的核心就在于精准。习近平总书记在出席2015年减贫与发展高层论坛的主旨演讲中指出："注重扶持对象精准、项目安排精准、资金使用精准、措施到户精准、因村派人精准、脱贫成效精准等六个精准，坚持分类施策，广泛动员全社会力量。"六个精准可谓对精准扶贫做了科学而全面的概括，是实施精准扶贫战略的重要参考。

随着扶贫工作的不断深入，扶贫工作的难度也越来越大，为了研究解决深度贫困问题，2017年6月23日，习近平总书记在山西太原市主持召开深度贫困地区脱贫攻坚座谈会。在这次会议上，习近平总书记对脱贫攻坚工作又提出了八项要求。

第一，合理确定脱贫目标，即一方面要实现贫困群众得到温饱、教育、医疗等基本生活保障，另一方面又必须

---

① 李楠、陈晨：《以共享发展理念引领农村贫困人口实现脱贫》，《思想理论教育导刊》2016年第3期；赖风：《共享发展理念引领下的精准脱贫体制机制研究》，《贵州师范大学学报》（社会科学版）2017年第10期。

实事求是，不能盲目设定不切实际的脱贫目标。

第二，加大投入支持力度。这一要求强调了政府投入的主体地位和主导作用，也强调了金融资金的引导和协同作用。同时，还对新增脱贫攻坚资金和惠民项目的倾斜方向做出了指示。

第三，集中优势兵力打攻坚战，主要强调发挥社会主义集中力量办大事的制度优势，重点解决深度贫困地区的公共服务、基础设施以及基本医疗保障问题。

第四，区域发展必须围绕精准扶贫发力，这为深度贫困地区的区域发展指明了方向和目标。

第五，加大各方帮扶力度，即要求东部发达地区以及中央相关单位从资金、项目、人员等多方面加大对深度贫困地区的帮扶力度，同时注重引导社会力量广泛参与深度贫困地区的脱贫攻坚。

第六，加大内生动力培育力度，主要强调激发深度贫困地区干部群众的内在脱贫致富积极性，提高他们的自我发展能力，即扶贫与扶智、扶志相结合。

第七，加大组织领导力度，主要强调了深度贫困地区党委和政府的职责，并明确了贫困县县委书记和县级政府脱贫攻坚工作的重点。

第八，加强检查督查，强调脱贫攻坚工作要务实、过程要扎实、结果要真实，对数字脱贫、虚假脱贫将严肃问责。

附 录

## 附录一　湖南省扶贫政策概要

中央出台的《关于打赢脱贫攻坚战的决定》[①]（以下简称《决定》）和湖南省省委、省政府出台的《关于贯彻落实〈中共中央国务院关于打赢脱贫攻坚战的决定〉的实施意见》（以下简称《实施意见》）是新时期扶贫开发的总政策、总依据、总遵循。在上述两个综合文本的指导下，湖南省形成了"三个一"政策组合拳，即："1+10+17"脱贫攻坚政策支撑体系，脱贫攻坚"七大工程"和"七大行动"。其中，政策支撑体系是囊括总纲、保障机制和行业部门支持政策的科学机制；"七大工程"是湖南省为破解贫困地区基础设施和公共服务落后问题所实施的专项行动。它对农村的水电、交通、通讯和住房条件等方面进行专题工程整治；"七大行动"是具体落实到贫困户/村的脱贫具体措施，针对民生七大方面做了相应政策规定（大多是通过财政拨款来进行补助、补贴等）。最后，湖南省出台了《湖南省农村扶贫开发条例》[②]和《湖南省脱贫攻坚督查巡查工作实施办法》等相关文件，对扶贫项目和资金管理、监督与考核、法律责任等进行了明确规定。

---

① 2015年，中央在贵州召开扶贫开发工作会议，出台《关于打赢脱贫攻坚战的决定》。

② 2015年，湖南省第十二届人民代表大会常务委员会公告第38号，现行有效。

## （一）湖南省"1+10+17"脱贫攻坚政策支撑体系

这个支撑体系是湖南省扶贫政策的主干。2015年，中央在贵州召开扶贫开发工作会议，出台《决定》，全面部署"十三五"脱贫攻坚。《决定》出台之后，湖南省省委、省政府研究制定出台了《实施意见》，打出政策组合拳，形成了"1+10+17"脱贫攻坚政策支撑体系。

其中，"1+10+17"脱贫攻坚政策支撑体系具体包括以下内容："1"为总纲，即省委省政府出台的《实施意见》；"10"为保障机制，包括扶贫立法、扶贫考核、督查巡查、扶贫约束、退出机制、资金整合、人才支持、队伍建设、驻村帮扶、司法保障等；"17"为行业部门支持政策，包括安全饮水、农村道路、农网改造、信息网络、文化建设、产业扶贫、易地搬迁、危房改造、教育扶贫、兜底保障、医疗保障、电商扶贫、旅游扶贫、万企帮万村、科技扶贫、金融扶贫、生态保护。

## （二）湖南省脱贫攻坚"七大工程"

湖南省为破解贫困地区基础设施和公共服务落后问题，实施了脱贫攻坚"七大工程"专项课题。其具体内容包括：一是交通扶贫工程，二是水利扶贫工程，三是电力扶贫和光伏扶贫工程，四是农村危房改造和环境整治工程，五是农村"互联网+"扶贫工程，六是文化扶贫工程，七是乡村旅游扶贫工程。

### （三）湖南省脱贫攻坚"七大行动"[①]

湖南省为了落实"五个一批"[②]要求扎实推进脱贫攻坚"七大行动"，即：产业扶贫、就业培训扶贫、易地扶贫搬迁和危房改造扶贫、教育扶贫、健康扶贫、兜底保障扶贫和生态补偿扶贫。除此之外，还有一些其他到户政策，比如对残疾军人、伤残人民警察、伤残国家机关工作人员和"三属""两红"等优抚对象优待抚恤等政策。这些政策往往是通过经济手段来作用的，即通过财政拨款，补助补贴等方式。为了规范省派驻村帮扶工作队项目和资金管理，扶贫办出台了《关于规范省派驻村帮扶工作队项目和资金管理的通知》。

1. 产业扶贫

产业扶贫即发展特色产业增收脱贫，帮扶约 350 万名有劳动能力的贫困对象通过发展特色产业实现脱贫。针对产业扶贫中资金使用问题，湖南省扶贫开发办公室出台了《关于开展金融产业扶贫工作的指导意见—48 号》和《湖南省金融产业扶贫试点工作实施方案》来进行指导。相关政策如附表 1–1 所示。

[①] 湖南省扶贫开发领导小组办公室：《湖南脱贫攻坚到户政策口袋书》，2017。

[②] 2015 年 6 月，习近平总书记在贵州主持召开脱贫攻坚座谈会，提出了"四个切实"，"六个精准"，"五个一批"的要求。其中"五个一批"指：发展生产脱贫一批、易地扶贫搬迁脱贫一批、生态补偿脱贫一批、发展教育脱贫一批、社会保障兜底一批。

附表 1-1　湖南省产业扶贫政策

| 序号 | 类别 | 政策内容 |
|---|---|---|
| 1 | 产业帮扶 | （1）对建档立卡贫困户发展产业的，给予 1500~2000 元 / 人产业帮扶资金。具体由县定 |
| | | （2）扶贫经济组织按照"四跟四走"产业扶贫路子参与精准扶贫的，可根据项目采取的帮扶模式、帮扶贫困人口数量、增收效益幅度以及贫困农户对企业的依存度等要素，享受一定的财政扶贫资金支持，具体支持额度见湘扶办联〔2015〕14 号文件 |
| | | （3）为 51 个贫困县贫困户补贴 90% 农业保险保费，其中省财政和县财政分别承担保费的 50% 和 40% |
| | | （4）经县级扶贫部门认定，投资参与产业扶贫项目、带动建档立卡贫困对象产业致富的新型农业经营主体可享受扶贫"财银保"政策。具体见湘财农〔2016〕55 号文件 |
| | | （5）计税面积内种植一季农作物的耕地地力保护补贴 105 元 / 亩 / 年；计税面积内种植双季稻耕地地力保护补贴 175 元 / 亩·年（计税外 70 元 / 亩·年） |
| | | （6）对耕种省投资土地开发项目新增耕地的单位或个人，给予 500 元 / 亩的补助。其中，交付耕种的第一、第二年按 200 元 / 亩发放，第三年按 100 元 / 亩发放，连续发放 3 年 |
| 2 | 小额信贷 | 符合条件的贫困户发展产业，为其提供 1 万 ~5 万元、3 年期以内免抵押、免担保、基准利率、全额贴息的扶贫小额信贷 |
| 3 | 电商扶贫 | 对参与农村电商的贫困户给予扶贫小额信贷支持 |
| 4 | 乡村旅游 | 给予项目村内参与和直接受益的贫困户 2000 元 / 人以内的财政扶贫资金补助，既可以采取直接帮扶到户的项目，也可以采取股份合作方式共建共有。同时，还可享受扶贫小额信贷支持 |
| 5 | 光伏扶贫 | "自发自用，余电上网"模式补贴 0.42 元 / 千瓦时，连续补贴 20 年；"全额上网"模式标杆电价按国家补贴政策执行 |

2．就业培训扶贫

就业培训扶贫即引导劳务输出脱贫，通过产业促进、创业带动等方式帮扶约 70 万名贫困人口创业就业。具体政策如附表 1-2 所示。

附表 1-2　就业培训扶贫政策

| 序号 | 类别 | 政策内容 |
|---|---|---|
| 1 | 就业技能培训 | 为法定劳动年龄内贫困劳动力提供 202 个职业培训项目，补贴标准为 500~1320 元／人 |
| 2 | 劳动力素质提升培训 | 对 51 个贫困县市区劳动力参加职业培训的给予补助（202 个项目范围内），补贴标准为 850~2244 元／人 |
| 3 | 创业培训 | 创办你的企业（SYB）培训补助 800 元／人·次，改善你的企业（IYB）培训补助 1200 元／人·次 |
| 4 | 工会培训 | 对已建档立卡，并需要就业、创业帮扶和法律援助的困难职工、困难农民工，安排职业培训、职业介绍及法律援助。用于职业培训、职业介绍的资金，执行当地政府人力资源和社会保障部门制定的同类工种标准；用于法律援助的资金，不超过当地政府司法行政部门制定的法律援助补助标准 |
| 5 | 移民培训 | 对大中型水库移民进行免费培训，A 类职业培训不超过 3000 元／人·期，B 类职业培训不超过 2000 元／人·期，C 类职业培训每人每期不超过 1000 元／人·期（资金补贴给培训机构） |
| 6 | 交通补助 | 转移就业的贫困劳动力凭企业招用劳动合同（就业协议）和交通费票据，按照省外、市外省内、县市外市内据实分别给予不超过 400 元、200 元、100 元的一次性交通路费补助 |
| 7 | 对外输出补助 | 对签订对外劳务输出合同的贫困人口给予 2000 元／人的前期费用补贴，并纳入扶贫小额信贷支持范围 |
| 8 | 一次性岗位补贴 | 对本省输入地企业吸纳输出地农村贫困劳动力并签订 1 年以上劳动合同、依法缴纳社会保险的，按每人 1000 元标准给予企业一次性岗位补贴（劳务协作脱贫试点出台政策） |
| 9 | 就业创业和跟踪服务补贴 | 对市场化运作具有资质和社会良好信誉的劳务中介机构、农村劳务经纪人和商会组织，每成功介绍贫困劳动力就业 1 人，稳定就业 1 年以上，并提供 1 年跟踪服务的，以政府购买公共服务方式，给予 300 元／人的中介和跟踪服务补贴（劳务协作脱贫试点出台政策） |

3. 易地扶贫搬迁和危房改造扶贫

易地扶贫搬迁和危房改造扶贫即实施易地扶贫搬迁脱贫，完成约 80 万名贫困人口的易地扶贫搬迁任务。具体政策如附表 1-3 所示。

| 序号 | 类别 | 政策内容 |
|---|---|---|
| 1 | 易地扶贫搬迁 | 搬迁安置规划及项目建设应由县政府统筹安排落实，安置房面积控制在人均 25 平方米。分散自建的到户补助标准为每平方米不得少于 800 元 |
| 2 | 贫困户危房改造 | 无房户和 D 级危房户执行"3+1"或"4+1"，即从住建部门获得 3 万元或 4 万元的对象，扶贫部门跟进补助 1 万元；C 级危房户补助控制在 1 万元以内。具体由县定 |
| 3 | 移民建房 | 对新建大中型水库困难移民建房按人均 25 平方米砖混结构住房标准补足房屋补偿费。房屋补偿费根据库区房屋重置典型设计和当地物价确定，各水库不同。目前，砖混结构的补偿标准在 800 元/平方米左右 |
| 4 | 地质灾害搬迁避让补助 | 按贫困县 5 万元/户（非贫困地区 4 万元/户）标准核定县市区地质灾害搬迁避让补助总额，由当地政府根据实际统筹安排用于地质灾害避让搬迁 |

### 4. 教育扶贫

教育扶贫即着力加强教育脱贫，让约 80 万个贫困家庭子女都能接受公平有质量的教育，阻断贫困代际传递。具体政策如附表 1-4 所示。

附表 1-4　教育扶贫政策

| 序号 | 类别 | 政策内容 |
|---|---|---|
| 1 | 教育助学 | （1）学前教育：对家庭经济困难幼儿给予 1000 元/人·年的入园补助（资助面：贫困地区 15%，一般地区 7.5%） |
| | | （2）义务教育：实行"两免一补"，对家庭经济困难生就读小学的补助生活费 1000 元/人·年，就读初中的补助生活费 1250 元/人·年（资助面：贫困地区 40%，一般地区 25%）。其中，对残疾学生实行免学杂费、免教科书费、免住宿费，补助家庭经济困难寄宿生生活费的"三免一补"政策 |
| | | （3）高中教育：①对建档立卡家庭经济困难学生、非建档立卡家庭经济困难残疾学生、农村低保家庭学生和农村特困救助供养学生免除普通高中学杂费，标准为省示范性高中（含特色教育学校）1000 元/人·期，其他 800 元/人·期；②给予家庭经济困难学生 2000 元/人·年助学金（具体各地根据实际可分 1~3 档）；③对残疾学生补助 1400 元/人·年；贫困残疾人家庭子女补助 1000 元/人·年。④民族地区免教科书费（320 元/期） |

| 序号 | 类别 | 政策内容 |
|------|------|----------|
| 1 | 教育助学 | （4）中职教育：①免学费；②对涉农专业和非涉农专业家庭经济困难学生补助 2000 元 / 人·年；③对纳入到"一家一"助学就业工程的贫困学生，另给予 2000 元 / 人·年生活费补助，共补 2 年，第三年推荐定岗实习并就业 |
| | | （5）高等教育：①本、专科国家奖学金 8000 元 / 人·年，国家励志奖学金 5000 元 / 人·年，国家助学金平均 3000 元 / 人·年（分 1~3 档），助学贷款最高 8000 元 / 人·年；②硕士研究生国家助学金 6000 元 / 人·年，博士 10000 元 / 人·年，助学贷款最高 12000 元 / 人·年；③一次性资助残疾人大学生：专科 4000 元 / 人，本科 5000 元 / 人，硕士及以上 6000 元 / 人；一次性资助贫困残疾人家庭大学生子女 3000 元 / 人（不分层次） |
| 2 | 雨露计划 | （1）职业教育：对建档立卡贫困家庭学生接受职业教育的，在落实职业教育"免""补"政策基础上，按照"应补尽补"原则，叠加给予每生每年扶贫助学补助 3000 元。中职教育连续补助二年，高职教育连续补助三年，五年制高职教育连续补助四年 |
| | | （2）特困学生扶贫助学：对建档立卡贫困户家庭中义务教育、普高教育、高等教育阶段学生，给予 2000 元 / 人·年资助，资金从到县财政专项扶贫资金中解决 |
| | | （3）农村实用技术培训：市级贫困劳动力培训补助 120 元 / 人·天，县级贫困劳动力培训补助 100 元 / 人·天 |
| | | （4）就业培训：对接受半年以上职业技能培训并获得初、中级职业资格证书的贫困劳动力，每人补助 1500 元 |
| | | （5）贫困村创业致富带头人：经营管理型和创业技术型培训分别按 320 元 / 人·天、260 元 / 人·天标准补助。其中培训伙食费每人不低于 80 元 / 天 |
| 3 | 工会助学 | 对已建档立卡，由于子女上学导致不能维持基本生活的困难职工、困难农民工，给予一定的助学补助。具体金额根据各市州的实际情况而定 |
| 4 | 就业贫困地区补助 | 对到湖南省 51 个贫困县基层单位就业的普通高校应届毕业学生，根据其最高学历，参照我省高校平均学费标准给予固定金额学费补偿，连续补偿三年，补偿标准为博士生 10000 元 / 年、硕士生及第二学士学位学生 8000 元 / 年、本科生 5000 元 / 年、专科（高职）生 3500 元 / 年 |

## 5. 健康扶贫

健康扶贫即开展医疗保险和救助脱贫，对贫困人口提供基本医疗保障、大病保险、医疗救助"三重医疗保障"，努力防止因病致贫、因病返贫的情况。具体政策如附表1-5所示。

附表1-5 健康扶贫政策

| 序号 | 类别 | 政策内容 |
|---|---|---|
| 1 | 医疗保障 | ①对特困人员参加城乡居民医保的个人缴费部分,通过医疗救助等渠道给予全额资助;对低保对象参加城乡居民医保的个人缴费部分,通过医疗救助等渠道给予补贴,具体补贴标准由统筹地人民政府确定;对建档立卡贫困人口中的非低保对象参加城乡居民医保的个人缴费部分,通过财政扶贫专项资金补助等渠道给予补贴,具体补贴标准由统筹地人民政府确定。②贫困户参与新农合就医报销比例提高10% |
| 2 | 大病保险 | 低保困难群众(含特困人员)大病保险补偿起付线降低50% |
| 3 | 医疗救助 | ①将贫困人口全部纳入农村特大疾病救助范围。②建立贫困人口健康档案,对贫困人口大病实行分类救治,采取"先诊疗、后付费"的办法 |
| 4 | 老年乡村医生补助 | 对农村不在岗的老年乡村医生,按工作年限不同分每月90元、120元、150元三个等次给予补助 |
| 5 | 计生卫生服务 | (1)对计划怀孕夫妇给予240元/人的孕前优生免费检查 |
| | | (2)对计划结婚夫妇给予100元/对的免费婚前医学检查 |
| | | (3)对计划怀孕妇女免费发放叶酸 |
| | | (4)对全省孕产妇给予140元/人的免费产前筛查 |
| | | (5)对农村孕产妇提供300元/人住院分娩补助 |
| | | (6)对孕产妇及所生儿童免费提供预防艾滋病、梅毒和乙肝母婴传播综合干预措施 |
| | | (7)对35~64岁的已婚育龄农村妇女提供免费"两癌"(宫颈癌、乳腺癌)检查 |
| | | (8)对30个贫困县新生儿提供120元/人的免费疾病筛查项目(30个贫困县具体为隆回、洞口、新宁、城步、石门、慈利、桑植、安化、中方、沅陵、辰溪、溆浦、会同、麻阳、新晃、芷江、靖州、通道、泸溪、凤凰、花垣、保靖、古丈、永顺、龙山、茶陵、炎陵、桂东、汝城、安仁) |
| | | (9)对25个贫困县6-24月龄婴幼儿每天免费发放1包营养包(25个贫困县具体为:泸溪、凤凰、花垣、永顺、龙山、安化、隆回、洞口、新宁、城步、石门、新化、慈利、桑植、沅陵、辰溪、溆浦、会同、麻阳、新晃、茶陵、炎陵、桂东、汝城、安仁) |

| 序号 | 类别 | 政策内容 |
|---|---|---|
| 6 | 计生救助 | （1）农村独生了女、两女户家庭夫妻：补贴80元/人·月 |
| | | （2）农村独生子女伤残、死亡家庭夫妻：2016年起每人每月分别补助320元、390元 |
| | | （3）计划生育手术并发症人员：一级乙等（含一等）并发症人员4800元/人·年；二级各等次（含二等）并发症人员3600元/人·年；三级各等次（含三等）并发症人员2400元/人·年 |
| 7 | 残疾人康复 | （1）将以治疗性康复为目的的运动疗法等9项医疗康复项目纳入基本医疗保障范围 |
| | | （2）将康复综合评定等20项医疗康复项目纳入基本医疗保险支付范围 |
| 8 | 工会救助 | 对已建档立卡、由于职工本人或家庭成员患有大病、重病、慢性病，自费医疗费用负担重的困难职工、困难农民工，给予一定的医疗补助。具体金额根据各市州的实际情况而定 |
| 9 | 社会捐助 | 贫困白内障患者免费手术（港澳台海外人士捐助） |

## 6. 兜底保障扶贫

兜底保障扶贫即实行保障兜底脱贫，完善农村最低生活保障制度，对无法依靠产业扶持和就业帮助脱贫的家庭实行政策性保障制度。具体政策如附表1-6所示。

### 附表1-6　兜底保障扶贫政策

| 序号 | 类别 | 政策内容 |
|---|---|---|
| 1 | 两线融合 | 2016年将农村低保标准提高至260元/月，2017年实现农村低保线与扶贫线"两线融合"。①对纳入社会保障兜底脱贫的农村扶贫低保对象，按农村低保标准全额发放低保金；②对未纳入社会保障兜底脱贫的农村低保对象，按农村低保标准与家庭月人均收入之间的差额发放低保金；③对农村特困人员（原五保对象），原则上按照当地农村低保标准1.3倍发放基本生活保障金 |
| 2 | 高龄老人津补贴 | 鼓励各地政府为65-99岁老年人发放高龄津补贴，具体标准由县定 |
| 3 | 百岁老人保健补贴 | 不低于200元/月 |
| 4 | 基本养老服务补贴 | 对65岁以上失能、半失能贫困老年人提供基本养老服务，补贴标准不得低于20元/月 |

| 序号 | 类别 | 政策内容 |
|---|---|---|
| 5 | 意外伤害保险 | 鼓励各地政府为农村"五保"老人、重点优抚对象、失独老人等特困老年人群购买老年人意外伤害保险,其他社会老年人群自愿购买 |
| 6 | 孤儿基本生活补贴 | 散居:600元/月,集中供养1000元/月 |
| 7 | 残疾人保障 | (1)困难残疾人生活补贴:最低50元/人·月 |
| | | (2)重度残疾人护理补贴:最低50元/人·月 |
| | | (3)重度残疾人基本养老保险:政府代缴 |
| | | (4)残疾人机动轮椅车燃油补贴:260元/人·年 |
| | | (5)贫困重度残疾人家庭无障碍改造:中央3500元/户,省本级1500元/户 |
| 8 | 临时救助 | 因突发性、紧迫性、临时性原因,导致基本生活暂时出现严重困难的家庭或个人,由县级以上地方人民政府根据实际,参照最低生活标准救助,保障阶段性基本生活 |
| 9 | 移民后扶 | 大中型水库农村移民补助600元/人·年(按季度一卡通发放) |
| 10 | 工会救助 | 对已建档立卡,由于家庭人均收入低于当地最低生活保障线,或因遭受突发事件、意外灾害、其他特殊原因导致生活特别困难的职工、农民工,给予一定的生活补助。具体金额根据各市州的实际情况而定 |

## 7. 生态补偿扶贫

生态补偿扶贫即结合生态保护脱贫,通过生态工程建设、生态补偿、让贫困群众转为护林员等方式,促进贫困群众增收脱贫。具体政策如附表1-7所示。

附表1-7 生态补偿扶贫政策

| 序号 | 类别 | 政策内容 |
|---|---|---|
| 1 | 护林员补助 | 优先聘请建档立卡贫困人口为生态护林员,管护费10000元/人·年 |
| 2 | 防护林工程 | 人工造林补助500元/亩,封山育林补助100元/亩 |
| 3 | 造林补贴 | 乔木林、经济林补助200元/亩,迹地更新补助100元/亩(2017年以前标准,2017年标准暂未确定) |
| 4 | 森林抚育 | 补助100元/亩(2017年以前标准,2017年标准暂未确定) |

| 序号 | 类别 | 政策内容 |
|---|---|---|
| 5 | 退耕还林 | 补助 125 元 / 亩，还生态林补助 8 年，还经济林补助 5 年，还草补助 2 年 |
| 6 | 新一轮退耕还林 | 补助共计 1500 元 / 亩，其中①种苗造林费 300 元 / 亩（可以由县级人民政府根据本地区实际组织集中采购，也可以由退耕还林者自行采购）；②补助 1200 元每亩（每亩第一年 500 元，第三年 300 元，第五年 400 元） |
| 6 | 油茶种植 | 新造油茶林 400 元 / 亩，油茶低产林垦复改造 200 元 / 亩，油茶新造幼林抚育 100 元 / 亩 |
| 7 | 森林生态效益补偿 | 国家级公益林、省级公益林经济补偿 14.5 元 / 亩·年 |
| 8 | 公益林护林补助 | 补助 1.5 元 / 亩·年 |
| 9 | 天然商品林商业性停伐试点补助 | 补助 11 元 / 亩·年 |

## （四）扶贫监督机制

2016 年 1 月 1 日起《湖南省农村扶贫开发条例》正式施行，对扶贫项目和资金管理、监督与考核、法律责任等进行了明确规定。湖南省扶贫办有关负责人介绍说，湖南省专门立法，旨在为脱贫攻坚提供法律保障，只要有相关部门或个人在扶贫中"不作为"、"乱作为"，都要负相应的法律责任。[①] 其次，2016 年，省委办公厅、省政府办公厅下发《湖南省脱贫攻坚督查巡查工作实施办法》（以下简称《办法》），旨在通过督查巡查，督促市县和省直有关单位落实工作责任和政策措施，严格遵守纪律和规定，查找解决问题、改进工作方法，完成减贫任务，确保打赢脱贫攻坚战。

① 湖南省人民政府扶贫办：《脱贫攻坚工作手册》，2017。

# 附录二 长乐村帮扶重点项目表（2015~2017年帮扶规划）

| 序号 | 项目名称 | 建设内容 | | | 投资来源（万元） | | | | 总投资（万元） |
|---|---|---|---|---|---|---|---|---|---|
| | | 2015年 | 2016年 | 2017年 | A | B | C | D | |
| 1 | 危房改造 | 完成危房改造摸底分类，完成18户无房户和D级危房户新建和改造 | 完成18户无房户和D级危房户新建和改造 | 完成15户无房户和D级危房户新建和改造 | 5 | 123 | | 200 | 328 |
| 2 | 农村环境综合整治 | 完成第一批100个垃圾集中收集点建设 | 完成第二批100个垃圾集中收集点建设，购置小型垃圾收运输车一辆 | 完成第三批33个垃圾集中收集点建设 | 4 | 2.33 | | 21.485 | 27.815 |
| 3 | 五谷走地鸡规模养殖 | 依托五谷走地鸡养殖大户，饲养2万只五谷走地鸡，帮扶20户贫困户，实现帮扶贫困户户均增收5000元/户 | 成立养鸡合作社，饲养2万只五谷走地鸡，帮扶20户贫困户，实现帮扶贫困户户均增收5000元/户 | 饲养2万只五谷走地鸡，帮扶20户贫困户，实现帮扶贫困户户均增收5000元/户 | 15 | 15 | | | 30 |
| 4 | 海狸鼠规模养殖 | 建立"养殖大户＋村委会＋贫困户"的股份合作社，饲养海狸鼠1000只，委托帮扶20户贫困户，实现每户年增收7000元以上 | 饲养海狸鼠1000只，委托帮扶20户贫困户，实现每户年增收7000元以上 | 饲养海狸鼠1000只，委托帮扶20户贫困户，实现每户年增收7000元以上 | 15 | 30 | | | 45 |
| 5 | 长乐大塘水资源综合开发 | 60亩长乐大塘进行塘底清淤、塘基维修加固，整修周边道路，招商引资洽谈 | 依托长乐大塘养殖武昌鲷鹏1万只，委托帮扶困户10户，现帮扶对象增收5000元/户 | 依托长乐大塘开发农家乐项目，养殖武昌鲷鹏1万只，进行特色水产养殖 | 30 | | 150 | 127 | 307 |
| 6 | 长乐村饮水安全 | 沿S219铺设引水主管63.52千米，铺设通往各组到水池主管4.7千米，修大型蓄水池2个 | | | | | | 146.2 | 146.2 |

续表

| 序号 | 项目名称 | 建设内容 | | | 投资来源（万元） | | | | 总投资（万元） |
|---|---|---|---|---|---|---|---|---|---|
| | | 2015 年 | 2016 年 | 2017 年 | A | B | C | D | |
| 7 | 长托塘水利修复项目 | 对 60 亩长托塘进行清淤维修，塘底混凝土加固与塘坝电排，水渠 300 米恢复 | 对 20 亩兰风大塘清淤及塘坝加固，对 9 组高木岭塘、8 组新塘和 17 组汉功塘进行塘底清淤和四面混凝土加固 | 对草鱼岩地下水进行开发，配套电排管道及修复水坝；对东云渠道进行总体恢复，修接渠道 3000 米，恢复东云渠道供水灌溉 | | | | 90 | 100（不含长托大塘维修） |
| 8 | 村组公路建设 | | 完成 12 组通组公路 1 公里路面硬化 | 完成扫楼通组公路 1 公里硬化 | 10 | 10 | 2 | 13 | 35 |
| 9 | 村活动中心建设 | 争取立项批复、选址、三通一平 | 村部综合活动楼加高建设，村民活动中心广场建设 | 200 平方米两层的五保户集中居住楼房 | 8 | | | 50 | 58 |
| 10 | 基础教育帮扶 | 贫困学生对口长期助学援助，资助大学生开展三下乡；暑期 | 贫困学生对口长期助学援助，资助学生 5 名；村小学活动场所建设，校园美化 | 对口资助学生 5 名；建设村小学图书室；有针对性开展两后生职业技能培训 | 3 | | 5 | 7.5 | 12.5 |
| 11 | 党支部示范化建设 | 组织村支两委成员到先进地区村考察 1 次；推进标准化支部建设，完善制度建设；改善村部办公条件 | 组织村支两委成员到先进地区村考察 1 次；改善村部办公条件 | 强化班子队伍建设，对村支两委后备干部进行培养；强化村部组织建设 | | 1 | 5 | | 6 |
| 合计 | | | | | 90 | 191.33 | 162 | 655.185 | 1095.515 |

投资来源：A. 财政扶贫专项资金，70%用于产业发展；B. 村民自筹，信贷；C. 社会筹资，包括社会团体、企业、事业单位等筹资，也包括本院投资；D. 财政争取资金。

# 附录三　长乐村贫困户精准识别和调整工作方案

长乐村贫困户精准识别和调整工作主要包括如下五个方面。

（1）实施主体：谁来做，谁负责

该村成立了精准扶贫工作领导小组，组长：蒋俊毅，副组长：马美英、陈旺民，成员：肖体喜、肖祥玉、沈呈宗、王友姣、沈呈计。

主要措施：

➤ 建立结对帮扶机制促使农户脱贫。

与扶贫联系单位省社会科学院成立结对帮扶工作小组，责任到人，任务到人，层层抓落实；制定结对帮扶工作实施方案，确保帮扶有计划有目标、有效果。

➤ 实施异地搬迁工程改善农户条件。

严格按照政府引导、群众自愿、政策协调、讲求实效的总体要求，全村申请报审批危房改造32户，已完成20户，在建12户，现已安置贫困户4户。

➤ 根据目前扶贫工作政策，结合我村实际情况，多措并举打好扶贫攻坚战。

进行村级基础设施建设，樱花1.5公里村道，打通村民物资运输通道；

进行人畜饮水工程、维修三口山塘，改善村民安全用水问题；

进行光伏设施建设，保证村民生产生活用电；

进行贫困户与农村合作社共同养殖海狸鼠、养鸡、种植荞头，采用"合作社＋农户"的方式帮助一批贫困户脱贫致富。

（2）实施方式：什么时间，怎么操作，什么程序，怎么评议，怎么公示等

首先通过科学、规范、民主的识别工作精准定位贫困户，其次通过建档立卡工作步骤来系统化归置，然后再通过精准扶贫"六个到村到户"来进行帮扶工作。

工作步骤如下：

➢ 贫困户识别：执行国家农村扶贫标准，以2013年农村居民家庭年人均纯收入低于2300元，家庭主要劳动力在60周岁以下，有劳动能力和较强的脱贫意愿。具体贫困户识别流程图解如附图3-1所示。

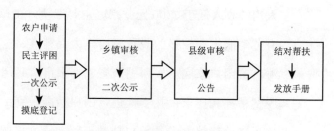

附图3-1　贫困户识别流程

➢ 建档立卡

在"三保证"——程序公开透明，信息真实可靠，群众认可满意的基础上进行建档立卡工作，流程如附图3-2所示。

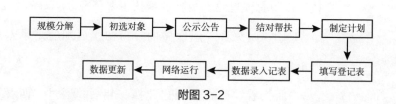

附图3-2

其中贫困户建档立卡工作步骤如下。

➢ 前期准备：组织力量，制定方案，宣传发动，人员培训。

➢ 贫困户识别：农户申请，村民代表大会民主评议，村委会和驻村工作队核实（第一次公示），镇人民政府审核（第二次公示），市扶贫办复审。

➢ 结对帮扶：明确结对帮扶关系，制定计划，填写扶贫手册。

➢ 系统录入：数据录入，联网运行，数据更新。

（3）如何确定：什么标准，名额怎么决定，异议和纠纷有多少，怎么处理等

执行国家农村扶贫标准，以 2013 年农村居民家庭年人均纯收入低于 2300 元，家庭主要劳动力在 60 周岁以下，有劳动能力和较强的脱贫意愿。力促精准、全面、细致摸清村贫困户家底。按照湖南省、邵阳市、武冈县扶贫精准脱贫精神和要求，扎实推进贫困户精准识别，先后组织实施了三轮建档立卡贫困户精准识别，通过集体讨论、征求意见、公示等程序，实现贫困户全面普查，清理出 41 户不符合贫困标准的"四类"人员，新增加 9 户应该纳入的贫困户，为今明两年精准脱贫打好了基础。在精准识别基础上，与省社科院一起编制了村三年帮扶规划，明确了帮扶工作的总体思路、目标和帮扶主要任务。

（4）"回头看"怎么做的？与初次识别的结果差别在哪里

"回头看"是在贫困户建档一年后，通过"四看"来

确定的。"四看"具体内容如下。

一看房：住房条件、人均住房面积、出行条件、饮水条件、用电条件、生产条件。

二看粮：人均经营耕地面积、种植结构、人均占有粮食、人均家庭养殖收益。

三看劳动力强不强：劳动力占家庭人口数、健康状况、劳动力素质、人均务工收入。

四看家中有没有读书郎：教育负债、教育回报。

一般来说，除了少数因为突发大病，贫困户都能够如期脱贫。

（5）有没有重新识别？如果有，怎么做的，结果差别在哪里

力促精准，全面细致摸清村贫困户家底。按照湖南省、邵阳市、武冈县扶贫精准脱贫精神和要求，扎实推进贫困户精准识别，先后组织实施了三轮建档立卡贫困户精准识别，通过集体讨论、征求意见、公示等程序，实现贫困户全面普查，清理出41户不符合贫困标准的"四类"人员，新增加9户应该纳入的贫困户。

# 附录四 调查问卷统计

## 附表 4-1 调查样本的家庭成员情况

单位：个，%

| 变量 | | 总体 | | 贫困户 | | 非贫困户 | |
|---|---|---|---|---|---|---|---|
| | | 样本数 | 百分比 | 样本数 | 百分比 | 样本数 | 百分比 |
| 一、家庭户数 | | 62 | 100.00 | 34 | 100.00 | 28 | 100.00 |
| 二、家庭人口数 | 1 | 4 | 6.45 | 4 | 11.76 | 0 | 0.00 |
| | 2 | 13 | 20.97 | 6 | 17.65 | 7 | 25.00 |
| | 3 | 10 | 16.13 | 8 | 23.53 | 2 | 7.14 |
| | ≥4 | 35 | 56.45 | 16 | 47.06 | 19 | 67.86 |
| 三、家庭成员劳动状况 | ①户内劳动力数 0 | 15 | 24.19 | 11 | 32.35 | 4 | 14.29 |
| | 1 | 19 | 30.65 | 12 | 35.29 | 7 | 25.00 |
| | 2 | 11 | 17.74 | 5 | 14.71 | 6 | 21.43 |
| | 3 | 8 | 12.90 | 4 | 11.76 | 4 | 14.29 |
| | ≥4 | 9 | 14.52 | 2 | 5.88 | 7 | 25.00 |
| | ②家庭劳动人口比 0 | 15 | 24.19 | 11 | 32.35 | 4 | 14.29 |
| | 0.01~0.20 | 5 | 8.06 | 3 | 8.82 | 2 | 7.14 |
| | 0.21~0.40 | 14 | 22.58 | 10 | 29.41 | 4 | 14.29 |
| | 0.41~0.60 | 14 | 22.58 | 5 | 14.71 | 9 | 32.14 |
| | 0.61~0.80 | 6 | 9.68 | 1 | 2.94 | 5 | 17.86 |
| | 0.81~1.00 | 8 | 12.90 | 4 | 11.76 | 4 | 14.29 |
| 四、户内劳动力务工时间 | ①务工3个月以下劳动力数 1 | 4 | 6.45 | 2 | 5.88 | 2 | 7.14 |
| | 2 | 1 | 1.61 | 1 | 2.94 | 0 | 0.00 |
| | 3 | 2 | 3.23 | 2 | 5.88 | 0 | 0.00 |
| | ≥4 | 0 | 0.00 | 0 | 0.00 | 0 | 0.00 |
| | ②务工3~6个月劳动力数 1 | 4 | 6.45 | 3 | 8.82 | 1 | 3.57 |
| | 2 | 2 | 3.23 | 0 | 0.00 | 2 | 7.14 |
| | 3 | 0 | 0.00 | 0 | 0.00 | 0 | 0.00 |
| | ≥4 | 1 | 1.61 | 0 | 0.00 | 1 | 3.57 |
| | ③务工6~12个月劳动力数 1 | 16 | 25.81 | 10 | 29.41 | 6 | 21.43 |
| | 2 | 8 | 12.90 | 1 | 2.94 | 7 | 25.00 |
| | 3 | 5 | 8.06 | 4 | 11.76 | 1 | 3.57 |
| | ≥4 | 9 | 14.52 | 2 | 5.88 | 7 | 25.00 |

| 变量 | | | 总体 | | 贫困户 | | 非贫困户 | |
|---|---|---|---|---|---|---|---|---|
| | | | 样本数 | 百分比 | 样本数 | 百分比 | 样本数 | 百分比 |
| 五、户内劳动力务工状况 | ①乡镇内务工劳动力数 | 1 | 11 | 17.74 | 6 | 17.65 | 5 | 17.86 |
| | | 2 | 8 | 12.90 | 2 | 5.88 | 6 | 21.43 |
| | | 3 | 2 | 3.23 | 1 | 2.94 | 1 | 3.57 |
| | | ≥4 | 0 | 0.00 | 0 | 0.00 | 0 | 0.00 |
| | ②乡镇外县内务工劳动力数 | 1 | 6 | 9.68 | 2 | 5.88 | 4 | 14.29 |
| | | 2 | 0 | 0.00 | 0 | 0.00 | 0 | 0.00 |
| | | 3 | 0 | 0.00 | 0 | 0.00 | 0 | 0.00 |
| | | ≥4 | 0 | 0.00 | 0 | 0.00 | 0 | 0.00 |
| | ③县外省内务工劳动力数 | 1 | 4 | 6.45 | 1 | 2.94 | 3 | 10.71 |
| | | 2 | 0 | 0.00 | 0 | 0.00 | 0 | 0.00 |
| | | 3 | 1 | 1.61 | 0 | 0.00 | 1 | 3.57 |
| | | ≥4 | 0 | 0.00 | 0 | 0.00 | 0 | 0.00 |
| | ④省外务工劳动力数 | 1 | 16 | 25.81 | 11 | 32.35 | 5 | 17.86 |
| | | 2 | 9 | 14.52 | 3 | 8.82 | 6 | 21.43 |
| | | 3 | 7 | 11.29 | 3 | 8.82 | 4 | 14.29 |
| | | ≥4 | 0 | 0.00 | 0 | 0.00 | 0 | 0.00 |
| | ⑤其他（包括在家务农、学生、军人等情况）劳动力数 | 1 | 11 | 17.74 | 4 | 11.76 | 7 | 25.00 |
| | | 2 | 17 | 27.42 | 8 | 23.53 | 9 | 32.14 |
| | | 3 | 12 | 19.35 | 9 | 26.47 | 3 | 10.71 |
| | | ≥4 | 12 | 19.35 | 8 | 23.53 | 4 | 14.29 |
| 六、户内劳动力类型 | ①普通全劳动力 | 1 | 12 | 19.35 | 9 | 26.47 | 3 | 10.71 |
| | | 2 | 18 | 29.03 | 7 | 20.59 | 11 | 39.29 |
| | | 3 | 6 | 9.68 | 4 | 11.76 | 2 | 7.14 |
| | | ≥4 | 9 | 14.52 | 2 | 5.88 | 7 | 25.00 |
| | ②技能劳动力 | 1 | 5 | 8.06 | 3 | 8.82 | 2 | 7.14 |
| | | 2 | 3 | 4.84 | 2 | 5.88 | 1 | 3.57 |
| | | 3 | 0 | 0.00 | 0 | 0.00 | 0 | 0.00 |
| | | ≥4 | 0 | 0.00 | 0 | 0.00 | 0 | 0.00 |

| 变量 | | | 总体 | | 贫困户 | | 非贫困户 | |
|---|---|---|---|---|---|---|---|---|
| | | | 样本数 | 百分比 | 样本数 | 百分比 | 样本数 | 百分比 |
| 七、家庭人口受教育程度 | ①文盲 | 1 | 16 | 25.81 | 10 | 29.41 | 6 | 21.43 |
| | | 2 | 5 | 8.06 | 2 | 5.88 | 3 | 10.71 |
| | | 3 | 1 | 1.61 | 1 | 2.94 | 0 | 0.00 |
| | | ≥4 | 1 | 1.61 | 0 | 0.00 | 1 | 3.57 |
| | ②小学 | 1 | 19 | 30.65 | 11 | 32.35 | 8 | 28.57 |
| | | 2 | 12 | 19.35 | 6 | 17.65 | 6 | 21.43 |
| | | 3 | 5 | 8.06 | 3 | 8.82 | 2 | 7.14 |
| | | ≥4 | 3 | 4.84 | 3 | 8.82 | 0 | 0.00 |
| | ③初中 | 1 | 17 | 27.42 | 10 | 29.41 | 7 | 25.00 |
| | | 2 | 14 | 22.58 | 4 | 11.76 | 10 | 35.71 |
| | | 3 | 10 | 16.13 | 6 | 17.65 | 4 | 14.29 |
| | | ≥4 | 2 | 3.23 | 1 | 2.94 | 1 | 3.57 |
| | ④高中 | 1 | 17 | 27.42 | 9 | 26.47 | 8 | 28.57 |
| | | 2 | 9 | 14.52 | 3 | 8.82 | 6 | 21.43 |
| | | 3 | 1 | 1.61 | 1 | 2.94 | 0 | 0.00 |
| | | ≥4 | 1 | 1.61 | 0 | 0.00 | 1 | 3.57 |
| | ⑤中专（职高技校） | 1 | 5 | 8.06 | 4 | 11.76 | 1 | 3.57 |
| | | 2 | 1 | 1.61 | 1 | 2.94 | 0 | 0.00 |
| | | 3 | 1 | 1.61 | 0 | 0.00 | 1 | 3.57 |
| | | ≥4 | 0 | 0.00 | 0 | 0.00 | 0 | 0.00 |
| | ⑥大专及以上 | 1 | 4 | 6.45 | 2 | 5.88 | 2 | 7.14 |
| | | 2 | 2 | 3.23 | 0 | 0.00 | 2 | 7.14 |
| | | 3 | 0 | 0.00 | 0 | 0.00 | 0 | 0.00 |
| | | ≥4 | 0 | 0.00 | 0 | 0.00 | 0 | 0.00 |
| 八、家庭社会性质 | ①纯老年家庭 | | 10 | 16.13 | 6 | 17.65 | 4 | 14.29 |
| | ②隔代家庭 | | 1 | 1.61 | 0 | 0.00 | 1 | 3.57 |
| | ③留守妇女家庭 | | 0 | 0.00 | 0 | 0.00 | 0 | 0.00 |

| 变量 | | | 总体 | | 贫困户 | | 非贫困户 | |
|---|---|---|---|---|---|---|---|---|
| | | | 样本数 | 百分比 | 样本数 | 百分比 | 样本数 | 百分比 |
| 九、家庭人口结构 | ①性别分布 | 男 1 | 20 | 32.26 | 11 | 32.35 | 9 | 32.14 |
| | | 男 2 | 22 | 35.48 | 12 | 35.29 | 10 | 35.71 |
| | | 男 3 | 10 | 16.13 | 5 | 14.71 | 5 | 17.86 |
| | | 男 ≥4 | 8 | 12.90 | 4 | 11.76 | 4 | 14.29 |
| | | 女 1 | 20 | 32.26 | 11 | 32.35 | 9 | 32.14 |
| | | 女 2 | 17 | 27.42 | 7 | 20.59 | 10 | 35.71 |
| | | 女 3 | 12 | 19.35 | 6 | 17.65 | 6 | 21.43 |
| | | 女 ≥4 | 7 | 11.29 | 4 | 11.76 | 3 | 10.71 |
| | ②人口年龄分布 | 0~15周岁人口数 1 | 8 | 12.90 | 4 | 11.76 | 4 | 14.29 |
| | | 0~15周岁人口数 2 | 9 | 14.52 | 4 | 11.76 | 5 | 17.86 |
| | | 0~15周岁人口数 3 | 8 | 12.90 | 5 | 14.71 | 3 | 10.71 |
| | | 0~15周岁人口数 ≥4 | 0 | 0.00 | 0 | 0.00 | 0 | 0.00 |
| | | 16~59周岁人口数 1 | 10 | 16.13 | 9 | 26.47 | 1 | 3.57 |
| | | 16~59周岁人口数 2 | 16 | 25.81 | 8 | 23.53 | 8 | 28.57 |
| | | 16~59周岁人口数 3 | 9 | 14.52 | 4 | 11.76 | 5 | 17.86 |
| | | 16~59周岁人口数 ≥4 | 16 | 25.81 | 7 | 20.59 | 9 | 32.14 |
| | | ≥60周岁人口数 1 | 18 | 29.03 | 13 | 38.24 | 5 | 17.86 |
| | | ≥60周岁人口数 2 | 18 | 29.03 | 10 | 29.41 | 8 | 28.57 |
| | | ≥60周岁人口数 3 | 1 | 1.61 | 0 | 0.00 | 1 | 3.57 |
| | | ≥60周岁人口数 ≥4 | 0 | 0.00 | 0 | 0.00 | 0 | 0.00 |
| 十、家庭健康状况 | ①健康人数 | 1 | 8 | 12.90 | 7 | 20.59 | 1 | 3.57 |
| | | 2 | 10 | 16.13 | 6 | 17.65 | 4 | 14.29 |
| | | 3 | 13 | 20.97 | 6 | 17.65 | 7 | 25.00 |
| | | ≥4 | 18 | 29.03 | 6 | 17.65 | 12 | 42.86 |
| | ②长期慢性病人数 | 1 | 26 | 41.94 | 16 | 47.06 | 10 | 35.71 |
| | | 2 | 15 | 24.19 | 7 | 20.59 | 8 | 28.57 |
| | | 3 | 1 | 1.61 | 1 | 2.94 | 0 | 0.00 |
| | | ≥4 | 1 | 1.61 | 1 | 2.94 | 0 | 0.00 |
| | ③患有大病人数 | 1 | 7 | 11.29 | 6 | 17.65 | 1 | 3.57 |
| | | 2 | 3 | 4.84 | 3 | 8.82 | 0 | 0.00 |
| | | 3 | 1 | 1.61 | 1 | 2.94 | 0 | 0.00 |
| | | ≥4 | 0 | 0.00 | 0 | 0.00 | 0 | 0.00 |

| 变量 | | | 总体 | | 贫困户 | | 非贫困户 | |
|---|---|---|---|---|---|---|---|---|
| | | | 样本数 | 百分比 | 样本数 | 百分比 | 样本数 | 百分比 |
| 十、家庭健康状况 | ④残疾人数 | 1 | 6 | 9.68 | 5 | 14.71 | 1 | 3.57 |
| | | 2 | 1 | 1.61 | 1 | 2.94 | 0 | 0.00 |
| | | 3 | 0 | 0.00 | 0 | 0.00 | 0 | 0.00 |
| | | ≥4 | 0 | 0.00 | 0 | 0.00 | 0 | 0.00 |

## 附表4-2 调查样本生活状况

单位：个，%

| 变量 | | 总体 | | 贫困户 | | 非贫困户 | |
|---|---|---|---|---|---|---|---|
| | | 样本数 | 百分比 | 样本数 | 百分比 | 样本数 | 百分比 |
| 一、家庭户数 | | 62 | 100.00 | 34 | 100.00 | 28 | 100.00 |
| 二、家庭人均收入（元/人） | <1000 | 6 | 9.68 | 5 | 14.71 | 1 | 3.57 |
| | 1000~1500元 | 6 | 9.68 | 5 | 14.71 | 1 | 3.57 |
| | 1501~2000元 | 4 | 6.45 | 4 | 11.76 | 0 | 0.00 |
| | 2001~2500 | 2 | 3.23 | 2 | 5.88 | 0 | 0.00 |
| | 2501~3000 | 2 | 3.23 | 1 | 2.94 | 1 | 3.57 |
| | ≥3001 | 38 | 61.29 | 15 | 44.12 | 23 | 82.14 |
| 三、家庭主要收入来源 | ①工资性收入为主 | 32 | 51.61 | 15 | 44.12 | 17 | 60.71 |
| | ②农业经营收入为主 | 4 | 6.45 | 3 | 8.82 | 1 | 3.57 |
| | ③非农业经营收入为主 | 3 | 4.84 | 1 | 2.94 | 2 | 7.14 |
| | ④财产性收入为主 | 1 | 1.61 | 1 | 2.94 | 0 | 0.00 |
| | ⑤赡养性收入为主 | 9 | 14.52 | 5 | 14.71 | 4 | 14.29 |
| | ⑥低保金收入为主 | 7 | 11.29 | 6 | 17.65 | 1 | 3.57 |
| | ⑦养老金、离退休金收入为主 | 2 | 3.23 | 0 | 0.00 | 2 | 7.14 |
| | ⑧补贴性收入（救济、农业及其它）为主 | 0 | 0.00 | 0 | 0.00 | 0 | 0.00 |
| 四、家庭主要支出 | ①食品支出为主 | 33 | 53.23 | 17 | 50.00 | 16 | 57.14 |
| | ②报销后医疗总支出为主 | 23 | 37.10 | 13 | 38.24 | 10 | 35.71 |
| | ③教育总支出为主 | 5 | 8.06 | 4 | 11.76 | 1 | 3.57 |
| | ④养老保险费为主 | 0 | 0.00 | 0 | 0.00 | 0 | 0.00 |
| | ⑤合作医疗保险费为主 | 0 | 0.00 | 0 | 0.00 | 0 | 0.00 |
| | ⑥礼金支出为主 | 1 | 1.61 | 0 | 0.00 | 1 | 3.57 |

| 变量 | | 总体 | | 贫困户 | | 非贫困户 | |
|---|---|---|---|---|---|---|---|
| | | 样本数 | 百分比 | 样本数 | 百分比 | 样本数 | 百分比 |
| 五、有如下财产的家庭数 | a. 彩色电视机 | 46 | 74.19 | 23 | 67.65 | 23 | 82.14 |
| | b. 空调 | 1 | 1.61 | 0 | 0.00 | 1 | 3.57 |
| | c. 洗衣机 | 30 | 48.39 | 11 | 32.35 | 19 | 67.86 |
| | d. 电冰箱或冰柜 | 40 | 64.52 | 16 | 47.06 | 24 | 85.71 |
| | e. 电脑 | 3 | 4.84 | 0 | 0.00 | 3 | 10.71 |
| | f. 固定电话 | 3 | 4.84 | 0 | 0.00 | 3 | 10.71 |
| | g. 手机 | 56 | 90.32 | 31 | 91.18 | 25 | 89.29 |
| | h. 联网的智能手机 | 25 | 40.32 | 10 | 29.41 | 15 | 53.57 |
| | i. 摩托车/电动自行车（三轮车） | 18 | 29.03 | 7 | 20.59 | 11 | 39.29 |
| | j. 轿车/面包车 | 4 | 6.45 | 2 | 5.88 | 2 | 7.14 |
| | k. 卡车/中巴车/大客车 | 0 | | 0 | | 0 | |
| | l. 拖拉机 | 0 | | 0 | | 0 | |
| | m. 耕作机械 | 0 | | 0 | | 0 | |
| | n. 播种机 | 0 | | 0 | | 0 | |
| | o. 收割机 | 0 | | 0 | | 0 | |
| | p. 其他农业机械设施 | 0 | | 0 | | 0 | |
| 六、对现在生活状况满意程度 | ①非常满意 | 1 | 1.61 | 0 | 0.00 | 1 | 3.57 |
| | ②比较满意 | 29 | 46.77 | 9 | 26.47 | 20 | 71.43 |
| | ③一般 | 14 | 22.58 | 11 | 32.35 | 3 | 10.71 |
| | ④不太满意 | 15 | 24.19 | 11 | 32.35 | 4 | 14.29 |
| | ⑤很不满意 | 3 | 4.84 | 3 | 8.82 | 0 | 0.00 |
| 七、与5年前比，生活状况变化 | ①好很多 | 7 | 11.29 | 0 | 0.00 | 7 | 25.00 |
| | ②好一些多 | 41 | 66.13 | 25 | 73.53 | 16 | 57.14 |
| | ③差不多 | 6 | 9.68 | 3 | 8.82 | 3 | 10.71 |
| | ④差一些 | 4 | 6.45 | 2 | 5.88 | 2 | 7.14 |
| | ⑤差很多 | 4 | 6.45 | 4 | 11.76 | 0 | 0.00 |
| 八、觉得5年后生活状况会怎样 | ①好很多 | 6 | 9.68 | 2 | 5.88 | 4 | 14.29 |
| | ②好一些多 | 40 | 64.52 | 20 | 58.82 | 20 | 71.43 |
| | ③差不多 | 2 | 3.23 | 2 | 5.88 | 0 | 0.00 |
| | ④差一些 | 0 | 0.00 | 0 | 0.00 | 0 | 0.00 |
| | ⑤差很多 | 0 | 0.00 | 0 | 0.00 | 0 | 0.00 |
| | ⑥不好说 | 14 | 22.58 | 10 | 29.41 | 4 | 14.29 |

| 变量 | | 总体 | | 贫困户 | | 非贫困户 | |
|---|---|---|---|---|---|---|---|
| | | 样本数 | 百分比 | 样本数 | 百分比 | 样本数 | 百分比 |
| 九、与多数亲朋好友比，生活怎样 | ①好很多 | 0 | 0.00 | 0 | 0.00 | 0 | 0.00 |
| | ②好一些多 | 8 | 12.90 | 2 | 5.88 | 6 | 21.43 |
| | ③差不多 | 17 | 27.42 | 7 | 20.59 | 10 | 35.71 |
| | ④差一些 | 27 | 43.55 | 18 | 52.94 | 9 | 32.14 |
| | ⑤差很多 | 10 | 16.13 | 7 | 20.59 | 3 | 10.71 |
| 十、与本村多数人比，生活怎样 | ①好很多 | 0 | 0.00 | 0 | 0.00 | 0 | 0.00 |
| | ②好一些多 | 8 | 12.90 | 1 | 2.94 | 7 | 25.00 |
| | ③差不多 | 19 | 30.65 | 8 | 23.53 | 11 | 39.29 |
| | ④差一些 | 29 | 46.77 | 19 | 55.88 | 10 | 35.71 |
| | ⑤差很多 | 6 | 9.68 | 6 | 17.65 | 0 | 0.00 |
| 十一、对居住环境是否满意 | ①非常满意 | 4 | 6.45 | 3 | 8.82 | 1 | 3.57 |
| | ②比较满意 | 33 | 53.23 | 18 | 52.94 | 15 | 53.57 |
| | ③一般 | 12 | 19.35 | 6 | 17.65 | 6 | 21.43 |
| | ④不太满意 | 7 | 11.29 | 3 | 8.82 | 4 | 14.29 |
| | ⑤很不满意 | 1 | 1.61 | 1 | 2.94 | 0 | 0.00 |
| 十二、家庭周围存在的污染情况 | ①有水污染 | 9 | 14.52 | 3 | 8.82 | 6 | 21.43 |
| | ②有空气污染 | 3 | 4.84 | 1 | 2.94 | 2 | 7.14 |
| | ③有噪声污染 | 0 | 0.00 | 0 | 0.00 | 0 | 0.00 |
| | ④有土壤污染 | 4 | 6.45 | 3 | 8.82 | 1 | 3.57 |
| | ⑤有垃圾污染 | 15 | 24.19 | 9 | 26.47 | 6 | 21.43 |

## 附表4-3 调查样本居住情况

单位：个，%

| 变量 | | 总体 | | 贫困户 | | 非贫困户 | |
|---|---|---|---|---|---|---|---|
| | | 样本数 | 百分比 | 样本数 | 百分比 | 样本数 | 百分比 |
| 一、家庭户数 | | 62 | 100.00 | 34 | 100.00 | 28 | 100.00 |
| 二、住房满意度 | ①非常满意 | 3 | 4.84 | 0 | 0.00 | 3 | 10.71 |
| | ②比较满意 | 20 | 32.26 | 8 | 23.53 | 12 | 42.86 |
| | ③一般 | 15 | 24.19 | 8 | 23.53 | 7 | 25.00 |
| | ④不太满意 | 20 | 32.26 | 16 | 47.06 | 4 | 14.29 |
| | ⑤很不满意 | 4 | 6.45 | 2 | 5.88 | 2 | 7.14 |

| 变量 | | 总体 | | 贫困户 | | 非贫困户 | |
|---|---|---|---|---|---|---|---|
| | | 样本数 | 百分比 | 样本数 | 百分比 | 样本数 | 百分比 |
| 三、自有住房数 | 1 | 52 | 83.87 | 27 | 79.41 | 25 | 89.29 |
| | 2 | 6 | 9.68 | 4 | 11.76 | 2 | 7.14 |
| | ≥3 | 0 | 0.00 | 0 | 0.00 | 0 | 0.00 |
| 四、住房类型 | ①平房 | 26 | 41.94 | 21 | 61.76 | 5 | 17.86 |
| | ②楼房 | 33 | 53.23 | 12 | 35.29 | 21 | 75.00 |
| 五、住房状况 | ①状况一般或良好 | 46 | 74.19 | 21 | 61.76 | 25 | 89.29 |
| | ②政府认定危房 | 3 | 4.84 | 1 | 2.94 | 2 | 7.14 |
| | ③没有认定，但属于危房 | 11 | 17.74 | 11 | 32.35 | 0 | 0.00 |
| 六、住房的建筑材料 | ①草土坯 | 3 | 4.84 | 2 | 5.88 | 1 | 3.57 |
| | ②砖瓦砖木 | 18 | 29.03 | 14 | 41.18 | 4 | 14.29 |
| | ③砖混材料 | 28 | 45.16 | 15 | 44.12 | 13 | 46.43 |
| | ④钢筋混凝土 | 13 | 20.97 | 3 | 8.82 | 10 | 35.71 |
| | ⑤其他 | 0 | 0.00 | 0 | 0.00 | 0 | 0.00 |
| 七、取暖设施家庭数 | | 30 | 48.39 | 15 | 44.12 | 15 | 53.57 |
| 八、有沐浴设施家庭数 | | 25 | 40.32 | 8 | 23.53 | 17 | 60.71 |
| 九、互联网宽带家庭数 | | 8 | 12.90 | 3 | 8.82 | 5 | 17.86 |
| 十、主要饮用水源 | ①经过净化处理的自来水 | 49 | 79.03 | 29 | 85.29 | 20 | 71.43 |
| | ②受保护的井水和泉水 | 2 | 3.23 | 2 | 5.88 | 0 | 0.00 |
| | ③不受保护的井水和泉水 | 8 | 12.90 | 2 | 5.88 | 6 | 21.43 |
| | ④江河湖泊水 | 0 | 0.00 | 0 | 0.00 | 0 | 0.00 |
| | ⑤收集雨水 | 0 | 0.00 | 0 | 0.00 | 0 | 0.00 |
| | ⑥桶装水 | 1 | 1.61 | 0 | 0.00 | 1 | 3.57 |
| | ⑦其他水源 | 2 | 3.23 | 1 | 2.94 | 1 | 3.57 |
| 十一、管道供水情况 | ①管道供水入户 | 50 | 80.65 | 29 | 85.29 | 21 | 75.00 |
| | ②管道供水至公共取水点 | 3 | 4.84 | 2 | 5.88 | 1 | 3.57 |
| | ③没有管道设施 | 9 | 14.52 | 3 | 8.82 | 6 | 21.43 |
| 十二、有无饮水困难 | ①单次取水往返时间超过半小时 | 1 | 1.61 | 1 | 2.94 | 0 | 0.00 |
| | ②间断或定时供水 | 36 | 58.06 | 19 | 55.88 | 17 | 60.71 |
| | ③当年连续缺水时间超过15天 | 9 | 14.52 | 4 | 11.76 | 5 | 17.86 |
| | ④无上述困难 | 17 | 27.42 | 10 | 29.41 | 7 | 25.00 |

| 变量 | | 总体 | | 贫困户 | | 非贫困户 | |
|---|---|---|---|---|---|---|---|
| | | 样本数 | 百分比 | 样本数 | 百分比 | 样本数 | 百分比 |
| 十三、厕所类型 | ①传统旱厕 | 39 | 62.90 | 25 | 73.53 | 14 | 50.00 |
| | ②卫生厕所 | 20 | 32.26 | 7 | 20.59 | 13 | 46.43 |
| | ③没有厕所 | 3 | 4.84 | 2 | 5.88 | 1 | 3.57 |
| | ④其他 | 0 | 0.00 | 0 | 0.00 | 0 | 0.00 |
| 十四、生活垃圾处理 | ①送到垃圾池等 | 21 | 33.87 | 6 | 17.65 | 15 | 53.57 |
| | ②定点堆放 | 20 | 32.26 | 15 | 44.12 | 5 | 17.86 |
| | ③随意丢弃 | 17 | 27.42 | 10 | 29.41 | 7 | 25.00 |
| | ④其他 | 5 | 8.06 | 3 | 8.82 | 2 | 7.14 |
| 十五、生活污水排放 | ①管道排放 | 6 | 9.68 | 2 | 5.88 | 4 | 14.29 |
| | ②排到家里渗井 | 1 | 1.61 | 1 | 2.94 | 0 | 0.00 |
| | ③院外沟渠 | 21 | 33.87 | 10 | 29.41 | 11 | 39.29 |
| | ④随意排放 | 35 | 56.45 | 21 | 61.76 | 14 | 50.00 |
| | ⑤其他 | 0 | 0.00 | 0 | 0.00 | 0 | 0.00 |
| 十六、入户路类型 | ①泥土路 | 26 | 41.94 | 17 | 50.00 | 9 | 32.14 |
| | ②砂石路 | 12 | 19.35 | 6 | 17.65 | 6 | 21.43 |
| | ③水泥或柏油路 | 23 | 37.10 | 10 | 29.41 | 13 | 46.43 |

## 附表 4-4　贫困户（2016 年底为建档立卡户）情况

单位：个，%

| 变量 | | 贫困户 | |
|---|---|---|---|
| | | 样本数 | 百分比 |
| 一、2017 年初脱贫家庭户数 | | 2 | 5.88 |
| 二、对本村贫困户选择的看法 | ①非常合理 | 1 | 2.94 |
| | ②比较合理 | 21 | 61.76 |
| | ③一般 | 4 | 11.76 |
| | ④不太合理 | 4 | 11.76 |
| | ⑤很不合理 | 0 | 0.00 |
| | ⑥说不清 | 4 | 11.76 |

| 变量 | | 贫困户 | |
|---|---|---|---|
| | | 样本数 | 百分比 |
| 三、对本村安排的扶贫项目的看法 | ①非常合理 | 1 | 2.94 |
| | ②比较合理 | 24 | 70.59 |
| | ③一般 | 2 | 5.88 |
| | ④不太合理 | 3 | 8.82 |
| | ⑤很不合理 | 0 | 0.00 |
| | ⑥说不清 | 4 | 11.76 |
| 四、对本村到目前为止扶贫效果的看法 | ①非常好 | 2 | 5.88 |
| | ②比较好 | 13 | 38.24 |
| | ③一般 | 12 | 35.29 |
| | ④不太好 | 2 | 5.88 |
| | ⑤很不好 | 2 | 5.88 |
| | ⑥说不清 | 3 | 8.82 |
| 五、为本户安排的扶贫措施是否适合 | ①非常适合 | 1 | 2.94 |
| | ②比较适合 | 19 | 55.88 |
| | ③一般 | 8 | 23.53 |
| | ④不太适合 | 1 | 2.94 |
| | ⑤很不适合 | 0 | 0.00 |
| | ⑥说不清 | 3 | 8.82 |
| 六、本户到目前为止的扶贫效果如何 | ①非常好 | 5 | 14.71 |
| | ②比较好 | 8 | 23.53 |
| | ③一般 | 14 | 41.18 |
| | ④不太好 | 2 | 5.88 |
| | ⑤很不好 | 0 | 0.00 |
| | ⑥说不清 | 3 | 8.82 |
| 七、最主要致贫原因 | ①生病 | 22 | 64.71 |
| | ②残疾 | 3 | 8.82 |
| | ③上学 | 0 | 0.00 |
| | ④灾害 | 0 | 0.00 |
| | ⑤缺土地 | 1 | 2.94 |
| | ⑥缺水 | 1 | 2.94 |
| | ⑦缺技术 | 0 | 0.00 |

| 变量 | | 贫困户 | |
|---|---|---|---|
| | | 样本数 | 百分比 |
| 七、最主要致贫原因 | ⑧缺劳力 | 5 | 14.71 |
| | ⑨缺资金 | 1 | 2.94 |
| | ⑩交通条件落后 | 0 | 0.00 |
| | ⑪自身发展动力不足 | 2 | 5.88 |
| | ⑫因婚 | 1 | 2.94 |
| | ⑬其他 | 0 | 0.00 |
| 八、其他致贫原因 | ①生病 | 10 | 29.41 |
| | ②残疾 | 6 | 17.65 |
| | ③上学 | 5 | 14.71 |
| | ④灾害 | 2 | 5.88 |
| | ⑤缺土地 | 0 | 0.00 |
| | ⑥缺水 | 0 | 0.00 |
| | ⑦缺技术 | 2 | 5.88 |
| | ⑧缺劳力 | 9 | 26.47 |
| | ⑨缺资金 | 7 | 20.59 |
| | ⑩交通条件落后 | 0 | 0.00 |
| | ⑪自身发展动力不足 | 5 | 14.71 |
| | ⑫因婚 | 1 | 2.94 |
| | ⑬其他 | 1 | 2.94 |
| 九、2015年以来得到的帮扶措施 | 1、技能培训 | 2 | 5.88 |
| | ①新成长劳动力职业教育（培训） | 0 | 0.00 |
| | ②劳动力转移就业培训 | 0 | 0.00 |
| | ③农村实用技能培训 | 0 | 0.00 |
| | ④贫困村致富带头人培训 | 0 | 0.00 |
| | ⑤其他 | 0 | 0.00 |
| | 2、小额信贷 | 2 | 5.88 |
| | 3、发展生产 | 7 | 20.59 |
| | （1）产业类型 | 0 | 0.00 |
| | ①种植业 | 5 | 14.71 |
| | ②养殖业 | 3 | 8.82 |

| 变量 | | 贫困户 | |
|---|---|---|---|
| | | 样本数 | 百分比 |
| 九、2015年以来得到的帮扶措施 | ③林果业 | 0 | 0.00 |
| | ④加工业 | 0 | 0.00 |
| | ⑤服务业 | 0 | 0.00 |
| | ⑥制造业 | 0 | 0.00 |
| | （2）支持方式 | 0 | 0.00 |
| | ①资金扶持 | 0 | 0.00 |
| | ②产业化带动 | 2 | 5.88 |
| | ③技术支持 | 1 | 2.94 |
| | ④其他 | 0 | 0.00 |
| | 4、带动就业 | 0 | 0.00 |
| | 5、易地搬迁 | 0 | 0.00 |
| | 6、基础设施建设 | 4 | 11.76 |
| | ①自来水入户 | 7 | 20.59 |
| | ②小型水利建设 | 0 | 0.00 |
| | ③蓄水池（窖） | 1 | 2.94 |
| | ④电入户 | 8 | 23.53 |
| | ⑤入户路 | 4 | 11.76 |
| | ⑥危房改造 | 1 | 2.94 |
| | ⑦设施农业大棚 | 1 | 2.94 |
| | ⑧牧畜圈舍 | 1 | 2.94 |
| | ⑨基本农田建设改造 | 2 | 5.88 |
| | ⑩沼气 | 0 | 0.00 |
| | ⑪其他 | 0 | 0.00 |
| | 7、公共服务和社会事业（教育、医疗、低保等） | 27 | 79.41 |

# 参考文献

曹芳明:《当前十堰市农村致贫因素的调查与思考》,《郧阳师范高等专科学校学报》2005 年第 12 期。

范会芳:《福利多元主义视角下因病致贫家庭精准扶贫路径研究——以河南省濮范台地区的扶贫实践为例》,《郑州大学学报》(哲学社会科学版) 2018 年第 7 期。

侯亚景、周云波:《收入贫困与多维贫困视角下中国农村家庭致贫机理研究》,《当代经济科学》2017 年第 3 期。

李华、李志鹏:《社会资本对家庭"因病致贫"有显著减缓作用吗?——基于大病冲击下的微观经验证据》,《财经研究》2018 年第 6 期。

李婕:《风险冲击、保险产品缺失与农村家庭致贫关系的实证研究》,《中国市场》2018 年第 10 期。

梁艳、王剑、赵淼:《北京低收入村致贫原因调查与发展对策分析——以通州区西集镇吕家湾村为例》,《北京财贸职业学院学报》2018 年第 10 期。

鲁子箫:《农村教育扶贫的"因教致贫"困境及观念转向》,《教育理论与实践》2017 年第 11 期。

齐晓飞:《保险应对因病致贫返贫路径》,《金融经济》2017

年第 3 期。

舒展、唐云霞、肖金光、龚勋:《贫困人口因贫致病和因病致贫影响因素分析》,《中国公共卫生》2018 年第 7 期。

王宝、高峰、李恒吉:《中国集中连片特困区空间特征及致贫机理》,《开发研究》2016 年第 12 期。

谢远涛、杨娟:《医疗保险全覆盖对抑制因病致贫返贫的政策效应》,《北京师范大学学报》(社会科学版)2018 年第 7 期。

颜廷武、张童朝、张俊飚:《特困地区自然灾害脆弱性及其致贫效应的调查分析》,《中国农业气象》2017 年第 8 期。

杨龙、李萌:《贫困地区农户的致贫原因与机理——兼论中国的精准扶贫政策》,《华南师范大学学报》(社会科学版)2017 年第 6 期。

张永丽、刘卫兵:《"教育致贫"悖论解析及相关精准扶贫策略研究——以甘肃 14 个贫困村为例》,《经济地理》2017 年第 9 期。

# 后　记

　　党中央十八届五中全会提出了共享发展理念。全会提出：坚持共享发展，必须坚持发展为了人民、发展依靠人民、发展成果由人民共享，做出更有效的制度安排，使全体人民在共建共享发展中有更多获得感，增强发展动力，增进人民团结，朝着共同富裕方向稳步前进。会议提出"加大对革命老区、民族地区、边疆地区、贫困地区的转移支付。实施脱贫攻坚工程，实施精准扶贫、精准脱贫，分类扶持贫困家庭，探索对贫困人口实行资产收益扶持制度"。

　　为贯彻习近平总书记关于精准扶贫的重要指示精神，更好地发挥中国社会科学院作为党和国家思想库、智囊团的重要作用，加强对重大国情问题的调查研究，根据《关于加强和改进国情调研工作的意见》要求，2016年中国社会科学院组织实施精准扶贫精准脱贫百村调研（简称"扶贫百村调研"）国情调研特大项目。项目对全国范围内兼具代表性和典型性的100个贫困村开展调研，其中包括一定比例的2010年以来已经实现脱贫的村。调研的主要内容包括贫困村的基本状况、贫困状况及其演变、贫困的成因、减贫历程和成效、脱贫发展思路和建议等，以及在调研过程中结合贫困村特点的专题性研究。

开展扶贫百村调研的目的是及时了解、掌握我国当前处于脱贫攻坚战最前沿的贫困村的贫困状况、脱贫动态和社会经济发展趋势，从扶贫实践中总结当前取得的成效和遇到的问题，为全面实现精准脱贫提供经验和政策建议。项目的意义在于贯彻党中央国务院关于精准扶贫的重要思想，延续中国社会科学院国情调研传统，以及为丰富中国特色社会主义理论提供经验素材。

为此，中国社会科学院数量经济与技术经济研究所成立了专门的课题组，对湖南省贫困村——长乐村进行了深入调研。本课题组负责人是中国社会科学院数量经济与技术经济研究所所长李平研究员和湖南省社会科学院院长刘建武研究员，课题执行负责人为中国社会科学院数量经济与技术经济研究所环境技术经济研究室主任张友国研究员，课题组主要成员包括中国社会科学院数量经济与技术经济研究所技术经济理论方法室主任吴滨研究员、朱承亮副研究员、陈金晓博士以及汪陈、方旭霞、武晓蓉、刘玉玲 4 位研究生。

长乐村是湖南省社会科学院帮扶的贫困村。该村目前致贫的主要原因有缺乏劳动力、患病人口多以及地理因素（农田多为旱地、常年缺水、生产力不高）等。长乐村民风淳朴，绝大多数家庭生活和睦，家中的年轻男性多选择外出前往南方发达省份（如广东）打工，而有劳动能力的年轻女性则多在家中照顾孩子、操持家务以及务农。调研发现，大部分贫困家庭中至少有一至两位病人，尽管有一定的医疗报销比例，但因病失去劳动力和经济来源，仅能依靠微薄的低保补助金。长远来看，如果不采取有效措施，这些村户将难以摆脱贫困。另外，长乐村存在较为严重的教育停滞问题。家中 60 岁左右的老人几乎没有文盲，大部分人的最高学历是初中，甚至有不少人是高中。然而在儿女辈甚至是孙子女辈中，很多人的最高学历却仅为初中，年轻一代受教育程度低。这些调研中掌握的情况都引发大家的思考，该如何长远扶贫，解决相对贫困问题，而不仅是解决绝对贫困。

根据湖南省社会科学院驻村帮扶工作队的反馈，目前长乐村的扶贫工作顺利推进了九个方面：①坚持以"两学一做"为抓手促进党建工作；②重新确认建档立卡户，精准动态管理；③结对帮扶，明确到人；④实施产业帮扶项目；⑤扎实推进危房改造工作；⑥积极推进卫生室改造；⑦实施教育扶贫；⑧推进环境整治；⑨组织干部对村安全饮水进行前期勘察和水源修缮。另外，当前驻村帮扶工作还面临着一些突出的挑战和问题，主要表现在三个方面：①组织执行能力弱；②保障兜底压力大；③扶贫没有形成合力。

本调研报告就是对两次入村调研的总结和思考，主要内容包括长乐村在扶贫工作中的一些好的经验和做法以及存在的问题，基于问卷调查的分析以及长乐村脱贫攻坚工作的政策启示。调研过程中，课题组得到了湖南省社会科学院派驻长乐村的扶贫第一书记蒋俊毅博士、扶贫工作队陈旺民博士以及长乐村村委会的大力帮助，特此感谢。

李　平　刘建武　张友国

2018 年 10 月

**图书在版编目(CIP)数据**

精准扶贫精准脱贫百村调研. 长乐村卷：特色养殖
脱贫实践 / 李平等著. -- 北京：社会科学文献出版社，
2018.12

ISBN 978-7-5201-3700-3

Ⅰ. ①精… Ⅱ. ①李… Ⅲ. ①农村-扶贫-调查报告
-武冈 Ⅳ. ①F323.8

中国版本图书馆CIP数据核字（2018）第240303号

·精准扶贫精准脱贫百村调研丛书·

**精准扶贫精准脱贫百村调研·长乐村卷**

———特色养殖脱贫实践

著　者 / 李　平　刘建武　张友国　等

出 版 人 / 谢寿光
项目统筹 / 邓泳红　陈　颖
责任编辑 / 陈晴钰

出　　版 / 社会科学文献出版社·皮书出版分社（010）59367127
　　　　　　地址：北京市北三环中路甲29号院华龙大厦　邮编：100029
　　　　　　网址：www.ssap.com.cn
发　　行 / 市场营销中心（010）59367081　59367083
印　　装 / 三河市东方印刷有限公司

规　　格 / 开　本：787mm×1092mm　1/16
　　　　　　印　张：10.75　字　数：105千字
版　　次 / 2018年12月第1版　2018年12月第1次印刷
书　　号 / ISBN 978-7-5201-3700-3
定　　价 / 59.00元